Prefácio

Caro leitor,

É com grande alegria e entusiasmo que apresento a você este livro, Tempo de Deus. Nas páginas que você está prestes a explorar, embarcaremos em uma jornada única e extraordinária através dos mistérios do tempo e da vastidão do desconhecido. A humanidade sempre olhou para o céu com admiração e curiosidade. Desde os primórdios, nossos ancestrais observavam as estrelas cintilantes, questionando sua origem, significado e influência em nossas vidas.

Agora, convido você a expandir sua mente e mergulhar em um mundo repleto de possibilidades. Enquanto percorre as páginas de Tempo de Deus, poderá vislumbrar o futuro da humanidade, se intrigar com os segredos das estrelas distantes e refletir sobre nosso lugar no cosmos. Desafiarei sua imaginação e o levarei a questionar a própria natureza da existência.

Para a humanidade, o tempo tem sido um tema central de inúmeras filosofias, religiões e debates intelectuais. A noção do tempo como uma entidade misteriosa e transcendental desperta em nós um senso de maravilha e curiosidade. Você será transportado para além das fronteiras da mente, mergulhando em aventuras e conectando-se a algo maior do que nós mesmos. Que cada palavra o envolva como um feixe de luz, despertando sua curiosidade e inspirando novas perspectivas.

Nas páginas deste livro, exploraremos as diferentes perspectivas culturais, espirituais e científicas em relação ao tempo. Investigaremos como diversas tradições religiosas concebem o tempo como algo sagrado, um fluxo divino que transcende nossa compreensão humana. Ao longo de nossa jornada, discutiremos os conceitos de eternidade, destino, livre-arbítrio e a relação entre o tempo humano e o tempo divino, o kairós. Através de contos, parábolas e reflexões, buscaremos encontrar um equilíbrio entre a dimensão temporal que vivenciamos cotidianamente e a dimensão atemporal que atribuímos a uma força maior.

Tempo de Deus mergulha fundo nas questões da existência, do livre-arbítrio e do propósito divino. À medida que você acompanha o desenrolar dos acontecimentos, será desafiado a refletir sobre o papel do destino e a influência de forças superiores em nossas vidas. É um convite para contemplar o mistério do tempo, abrindo-se para perspectivas que vão além dos limites da nossa compreensão. Através dessas reflexões, tenho certeza de que encontrará inspiração para explorar sua própria relação com o tempo e a espiritualidade.

Convido-o a embarcar nesta jornada rumo à compreensão do tempo divino, ciente de que nossas palavras são apenas um ponto de partida. Cada leitor é convidado a trilhar seu próprio caminho de descoberta e entendimento. Tempo de Deus é uma obra de ficção que busca entreter, desafiar a imaginação e instigar reflexões sobre o tempo e a espiritualidade. As histórias e personagens apresentados são produtos da minha imaginação e não devem ser interpretados como fatos verídicos ou como uma representação precisa de qualquer crença religiosa ou filosófica existente.

Lembre-se de que a ficção tem o poder de nos transportar para mundos imaginários, permitindo-nos explorar ideias e conceitos de forma criativa. Neste livro, o tempo é um elemento fictício, usado como pano de fundo para histórias fascinantes, mas não deve ser interpretado como uma representação precisa de qualquer conceito científico ou espiritual.

Portanto, reitero o convite para embarcar nesta jornada ficcional, suspender temporariamente a noção de realidade e permitir-se mergulhar em um universo de pura imaginação. Aprecie a arte da narrativa e deixe-se envolver por personagens cativantes, cenários vívidos e dilemas intrigantes.

Que este livro seja uma fonte de entretenimento e inspiração, onde você possa desfrutar de uma jornada imaginária repleta de emoções e descobertas.

Boa leitura!
Antônio D. Pierobon
© Copyright 2024 por Antônio Donizeti Pierobon - Todos os direitos reservados

Dedico este livro

Aos meus amados netos,

Este livro é dedicado a vocês, Lara, Davi Luiz e Maria Madalena. Ele é um presente para que, quando tiverem idade compatível para a leitura, possam explorar a imaginação e aprender sobre o mundo ao seu redor. Espero que no futuro, quando estiverem adultos e com saudades do vovô, leiam minhas histórias e que elas os inspirem a criar suas próprias aventuras.

Com amor,

Vovô Piero.

Sumário

CAPÍTULO 1 - O COMEÇO DE TUDO 7
CAPÍTULO 2 - A JORNADA DE YURI 13
CAPÍTULO 3 - DESTINOS ENTRELAÇADOS 21
CAPÍTULO 4 - LEGADOS E NOVOS HORIZONTES 31
CAPÍTULO 5 - INÍCIO DE UMA ODISSEIA 46
CAPÍTULO 6 - O ENCONTRO COM O ARQUITETO 52
CAPÍTULO 7 - ZARPAR EM MARÉ ALTA 68
CAPÍTULO 8 - CONSELHO DA LUZ 89
CAPÍTULO 9 – RUMORES DA CATÁSTROFE 105
CAPÍTULO 10 – PRONUNCIAMENTO DA ONU 108
CAPÍTULO 11 - PROJETO TOMORROW 119
CAPÍTULO 12 – O NOVO MUNDO 139
CAPÍTULO 13 – VIAGEM NO TEMPO 147
CAPÍTULO 14 – RUMO A NOVA TERRA 159
CAPÍTULO 15 – NOVO CALENDÁRIO 178
CAPÍTULO 16 – O COMPLEXO DA PEDREIRA. 187
CAPÍTULO 17 – GRANDE OBELISCO 204
CAPÍTULO 18 – SPHERES NO ESPAÇO 220
CAPÍTULO 19 – CRIAÇÃO DO IMPÉRIO 249
AGRADECIMENTOS 281

Tempo de Deus - Recomeço,
© 2024 Antonio D Pierobon **-** Todos os direitos reservados.

Capítulo 1 - O Começo de Tudo

Em uma noite de novembro, na cidade de Anchorage, no estado do Alasca, o ar estava gélido e cortante. A temperatura despencava para -15 graus Celsius, tornando o ambiente desafiador para quem se aventurasse a sair de casa. A cidade estava coberta por um manto branco de neve fresca, que brilhava sob a luz da lua cheia. As ruas estavam praticamente desertas, com exceção de algumas pessoas corajosas que enfrentavam o frio intenso para realizar suas tarefas noturnas. A iluminação pública lançava uma luz fraca e alaranjada sobre as paisagens nevadas, e os prédios estavam adornados com luzes de Natal, trazendo um pouco de calor e alegria para a noite fria.

Yuri Vladimir, agora com 27 anos, era um homem de descendência russa, com traços distintos que refletiam suas origens, olhos azuis profundos contrastando com seus cabelos castanhos. Sua pele, clara e pálida, era resultado da herança genética da região norte da Rússia. Ele possuía traços faciais marcantes, com maçãs do rosto levemente salientes e uma mandíbula forte. Sua estatura era alta e esguia, com uma postura ereta que revelava a influência de sua cultura, conhecida por valorizar a elegância e a disciplina física.

Embora tenha crescido em Anchorage, Yuri valoriza suas raízes russas e mantém uma conexão com a cultura e tradições de seus antepassados. Sua descendência desempenha um papel importante em sua identidade, influenciando suas perspectivas e valores. Ele carrega consigo uma história de vida marcada pela tragédia e pela influência da cultura ortodoxa. Órfão desde os 15 anos, Yuri enfrentou a perda de seus pais em um trágico acidente de carro. Esse evento doloroso moldou sua jornada e o tornou ainda mais próximo de sua família e de sua herança cultural.

Yuri encontrou consolo e orientação na tia, irmã de seu pai, que o criou sob os princípios da fé. Essa mulher, além de guardiã, tornou-se sua mentora espiritual, introduzindo-o aos ritos e tradições ortodoxas. Essa conexão profunda com a espiritualidade moldou a identidade de Yuri, proporcionando-lhe um refúgio e uma força para enfrentar as adversidades da vida. Apesar da tragédia que o atingiu na juventude, Yuri encontrou na fé e nas tradições russas um suporte inabalável.

Seu fascínio por engenharia naval e a falta de universidades específicas para a área no Alasca levaram Yuri a se mudar para Seattle, Washington, para estudar na renomada Universidade de Washington. Lá, ele se matriculou no programa de Engenharia Naval. Durante seus anos na universidade, Yuri desenvolveu uma compreensão profunda dos princípios e práticas da engenharia naval. Ele estudou disciplinas como projeto de navios, sistemas marítimos, propulsão naval e hidrodinâmica. Sua paixão pela área cresceu à medida que ele se aprofundava em conceitos complexos e aplicava seu conhecimento em projetos desafiadores.

Com seu diploma pela Universidade de Washington, Yuri estava preparado para enfrentar os desafios do setor marítimo. Seu conhecimento técnico, habilidades de projeto e paixão pela indústria o colocaram em uma posição favorável para seguir uma carreira bem-sucedida nesse campo em constante evolução. Em uma noite, acordou abruptamente, com seu coração acelerado. Ele teve um sonho extraordinário, algo que nunca tinha experimentado. Ele sonhou com Deus, no sonho, ouvia uma voz serena, porém poderosa, que se dirigia a ele como meu filho. Esta voz ecoava por todo o seu quarto, dizendo, meu filho, eu tenho uma missão para você, deixando-o sem palavras e incapaz de articular uma resposta; ele apenas assentiu, demonstrando sua prontidão para receber as palavras divinas.

Nesta manhã, você encontrará três esferas metálicas, revelou Deus. Elas cairão sobre o teto de seu carro e estarão no banco do veículo. Essas esferas serão um sinal tangível de minha presença e orientação. Cuide delas e aguarde que lhe direi quando as usar. Com essas palavras, o sonho terminou e ele acordou ainda sentindo a reverberação da experiência divina. Cético, pensou ser apenas um sonho e começou normalmente seu dia, mas, curioso, dirigiu-se até seu carro, que estava estacionado em frente à sua casa. Ao abrir a porta, sua respiração se prendeu por um momento de espanto. No topo do automóvel, existiam três orifícios e, no assento do veículo, estavam três bolas de metal, aparentemente sem qualquer propósito, apenas uma tríade de bolas metálicas, parecidas com esferas de engrenagem, porém maiores. Apesar do espanto, ficou chateado pelo dano em seu carro, já que demandaria ser reparado.

Passou o dia atordoado, e no dia seguinte ao se aproximar do veículo, observou que a lataria estava intacta e em perfeito estado. Tudo parecia muito estranho e irracional, aumentando os questionamentos a respeito dos intrigantes acontecimentos. Perplexo, sentou-se na escada em frente à sua casa com as esferas na mão e passou a lembrar do sonho estranho que tivera na noite anterior. Ainda sentado na escada, o carteiro passou e lhe entregou uma correspondência. Ao abri-la, verificou que se tratava de uma resposta à solicitação de emprego que ele havia feito à maior empresa de construção naval dos Estados Unidos, com estaleiro em Miami. Isso passou a intrigá-lo ainda mais, e ele começou a lembrar do que havia sonhado, além do episódio das esferas. A voz mencionou que sua missão estava apenas começando, mas que o desfecho mais importante se daria após alguns anos. Nesse ínterim, atualizações seriam feitas, sugerindo de forma contemporânea que seriam realizados downloads constantes.

Com as três esferas metálicas em mãos, ele começou a refletir sobre o significado delas. Pareciam símbolos tangíveis da presença de algo e o lembravam constantemente de sua tarefa. Cada esfera poderia representar uma fase crucial de sua jornada, e ele sabia que deveria descobrir seu propósito à medida que avançasse.

Capítulo 2 - A Jornada de Yuri

Yuri aceitou a proposta de emprego e iniciou sua jornada para Miami, onde estava localizado o renomado estaleiro chamado Oceanus Shipyards, o maior e mais prestigiado estaleiro do mundo, conhecido por suas impressionantes construções navais e sua equipe altamente qualificada. Ao se aproximar do estaleiro, ficou impressionado com a magnitude das instalações, com grandes guindastes que dominavam o horizonte, movendo-se sobre os imponentes navios em construção. O estaleiro estava repleto de atividades, com equipes trabalhando diligentemente em cada projeto. O som de martelos, o barulho dos motores e o cheiro característico de metal e pintura preenchiam o ar.

Ele sentiu uma mistura de emoções, de entusiasmo e nervosismo, ao adentrar o estaleiro, ficando impressionado com a organização e a eficiência dos processos. Ao seu redor, viu engenheiros, técnicos e trabalhadores, todos dedicados a seus respectivos trabalhos. Os funcionários percorriam o estaleiro com seus uniformes, cada um contribuindo para a grandeza dos projetos em andamento. Enquanto caminhava pelos imensos galpões, podia ver navios em diferentes estágios de construção. Alguns estavam no processo de montagem estrutural, enquanto outros estavam sendo equipados com inovações tecnológicas. Cada navio era uma verdadeira obra de engenharia, resultado do talento e da paixão daqueles que trabalhavam ali.

Yuri sentiu-se emocionado ao saber que ele também faria parte daquela equipe extraordinária. Ele tinha a oportunidade de contribuir com seu conhecimento e habilidades para a criação de navios que cruzariam os mares e deixariam sua marca no mundo da navegação marítima. Enquanto começava seu primeiro dia de trabalho no Oceanus Shipyards, sabia que estava prestes a embarcar em uma jornada desafiadora, mas muito gratificante. Ele estava ansioso para se envolver em projetos inovadores, trabalhar em equipe e desbravar novos horizontes no campo de sua formação. Com o estaleiro em plena atividade ao seu redor, ele estava pronto para mergulhar em sua carreira, e aproveitar todas as oportunidades que Miami e o estaleiro tinham a oferecer.

Ao caminhar pela área, seus olhos se fixaram em uma vasta área aberta que parecia destinada à construção de um navio de proporções gigantescas. Seu coração acelerou com a perspectiva de participar de um projeto tão grandioso e desafiador como aquele. Ele se aproximou da área delimitada, onde as fundações já estavam sendo preparadas. A extensão do espaço era impressionante, cercada por andaimes, guindastes e uma equipe de engenheiros e trabalhadores que pareciam estar bem ocupados. Era um formigueiro em atividade, com todos trabalhando em harmonia para dar vida àquele que parecia ser um projeto ambicioso.

Enquanto observava, conseguia visualizar em sua mente a magnitude do navio que seria construído ali. Imaginava suas proporções majestosas, suas linhas elegantes e sua capacidade de navegar pelos oceanos com eficiência. Ele sentia uma conexão profunda com o processo de construção e ansiava por fazer parte dele. Ao redor da área de construção, placas com o nome do navio estavam afixadas, SS Aurora. Ficou ainda mais empolgado ao saber que o navio em construção no Oceanus Shipyards seria uma verdadeira maravilha da engenharia naval. Com uma capacidade impressionante, ele poderia transportar 12.000 pessoas, além de 3.500 tripulantes.

Quanto ao seu tamanho, o SS Aurora seria uma embarcação colossal, projetada para enfrentar os desafios dos mares com segurança e eficiência. Com uma extensão total de 400 metros, sua estrutura imponente se destacaria no horizonte como um gigante dos oceanos. A largura do navio seria igualmente impressionante, alcançando 72 metros. Essa amplitude proporcionaria um espaço amplo e confortável para acomodar todos os passageiros, além de oferecer áreas de entretenimento, restaurantes, espaços de lazer e instalações de primeira classe.

Além disso, o SS Aurora contaria com uma tripulação de 3.500 profissionais, dedicados a garantir a segurança e o conforto dos passageiros durante suas viagens. Esses profissionais bem treinados estariam prontos para lidar com imprevistos e garantir um serviço seguro e excelente no navio. Com sua capacidade de transportar um número significativo de pessoas e suas dimensões impressionantes, o SS Aurora se destacaria como um dos maiores navios de passageiros já construídos na história. Ele seria uma verdadeira cidade flutuante, oferecendo uma experiência de viagem inigualável para todos aqueles que tivessem a oportunidade de embarcar em suas jornadas.

Enquanto contemplava a magnitude do projeto e sentia a energia pulsante ao seu redor, uma sensação de gratidão e determinação tomou conta de Yuri. Ele estava pronto para contribuir com sua experiência e paixão pela engenharia naval, auxiliando na construção do SS Aurora e ajudando a impulsionar o progresso da indústria do setor marítimo. Yuri ficou atônito quando percebeu que o navio em construção diante dele era o mesmo que ele visualizara em seu sonho. Era o navio com capacidade superior a 12.000

pessoas, o qual a voz misteriosa havia mencionado em sua visão noturna.

Uma onda de emoção e incredulidade tomou conta do jovem. Ele mal conseguia acreditar que seu sonho se tornava realidade diante de seus olhos. Era como se o universo estivesse conspirando para que ele se tornasse parte de algo verdadeiramente extraordinário. Caminhando mais perto da construção do navio, ele percebeu que estava destinado a estar ali, no epicentro do maior estaleiro do mundo, testemunhando a concretização de um sonho ambicioso.

À medida que os meses passavam, Yuri se destacava no projeto. Sua dedicação incansável e eficiência o levaram a assumir um papel significativo na liderança da equipe responsável pela construção do SS Aurora. Com seu conhecimento técnico e sua paixão pela engenharia naval, Yuri demonstrou habilidades excepcionais na resolução de problemas complexos e na tomada de decisões importantes. Sua capacidade de se adaptar rapidamente a diferentes desafios e de trabalhar em equipe o tornou uma figura respeitada e admirada pelos seus colegas.

Aos poucos, foi conquistando a confiança da equipe e ganhando o respeito de todos os envolvidos no projeto. Sua visão clara e liderança inspiradora motivaram os trabalhadores a darem o melhor de si, superando obstáculos e trabalhando com afinco para transformar o navio em uma realidade impressionante. Com o tempo, Yuri assumiu o controle da construção do navio. Ele coordenava os diferentes departamentos envolvidos, supervisionava o progresso das etapas de construção e garantia que tudo estivesse em conformidade com os mais altos padrões de qualidade e segurança.

Enquanto o tempo avançava, o sonho se tornava real. Ele estava construindo não apenas um navio, mas também um legado de realizações e conquistas. A gigantesca embarcação estava prestes a se tornar um marco na indústria naval, graças à visão e à liderança de Yuri. A cada dia, ele sentia uma mistura de orgulho e entusiasmo diante do desafio que tinha pela frente. Sabia que a responsabilidade era enorme, mas estava determinado a superar todas as expectativas e entregar um navio que deixaria uma marca duradoura na história.

Enquanto assumia o controle da construção, lembrava constantemente do sonho inicial e da voz misteriosa que o impulsionaram até ali. Ele sabia que aquele navio era uma manifestação de sua própria jornada pessoal e uma homenagem à sua determinação em transformar sonhos em realidade. Com cada passo dado no estaleiro, estava mais perto de realizar seu destino e criar uma embarcação extraordinária. O navio estava se tornando uma realidade tangível, e ele estava determinado a fazer com que cada momento da construção fosse uma verdadeira obra de arte na indústria naval.

Capítulo 3 - Destinos Entrelaçados

O tempo passava desde o início da construção e, enquanto o projeto avançava, uma dificuldade financeira relacionada à implementação de energias limpas surgiu, levando Yuri a ser chamado à Suíça. Lá, ele teve um encontro com a proprietária do estaleiro, uma milionária de 81 anos que, apesar de dirigir seus negócios à distância, queria conhecer Yuri e discutir o projeto.

Yuri sentia-se honrado por ser chamado para se encontrar com a renomada proprietária do estaleiro. Ele compreendia a importância de compartilhar a visão do projeto e buscar soluções para os desafios financeiros. Por isso, com determinação renovada, ele partiu para a Suíça, ansioso pelo encontro.

Ao chegar à luxuosa residência da milionária nos Alpes Suíços, foi recebido por uma equipe de funcionários atenciosos e levado a uma sala de reuniões elegante, onde a senhora o esperava com um sorriso caloroso. Durante a conversa, Yuri teve a oportunidade de apresentar sua visão do navio, explicando detalhadamente os benefícios da energia limpa, tanto em termos ambientais quanto econômicos. Ele enfatizou como a incorporação dessas tecnologias inovadoras elevaria o navio a um patamar superior, destacando a importância de investir no futuro sustentável da indústria naval.

A senhora escutou atentamente cada palavra de Yuri, demonstrando interesse genuíno pelo projeto. Ela compartilhou histórias de sua própria jornada empreendedora e como a sustentabilidade sempre foi sua prioridade. Após uma pausa, a senhora expressou seu apoio ao projeto de Yuri. Ela reconheceu a importância de investir em tecnologias avançadas e na preservação do meio ambiente. Além disso, comprometeu-se a fornecer recursos financeiros adicionais para superar a dificuldade orçamentária.

Yuri sentiu um misto de alívio e gratidão. A generosidade da senhora não só resolveria o problema financeiro imediato, mas também reforçaria a confiança de toda a equipe e impulsionaria o projeto rumo ao sucesso. Após a reunião, Yuri e a milionária continuaram a conversar informalmente. A senhora compartilhou suas esperanças e expectativas para o navio e enfatizou o impacto que ele poderia ter no setor naval e na conscientização ambiental.

Sentindo-se profundamente inspirado pela dedicação e visão da senhora, Yuri comprometeu-se a cumprir sua promessa de entregar um navio excepcional, honrando sua confiança e apoiando seu compromisso com a sustentabilidade.

A milionária senhora, chamada Catarina Von Bauer, de 81 anos, era uma mulher de grande elegância e sofisticação, descendente de uma linhagem de aristocratas austríacos, o que lhe conferia um ar de nobreza e distinção. Seus cabelos prateados caíam suavemente sobre seus ombros, emoldurando um rosto marcado por rugas suaves que contavam histórias de vida.

Catarina teve uma vida repleta de sucessos e tragédias. Ela se tornou milionária através de investimentos astutos e negócios bem-sucedidos na área marítima. Seu conhecimento e expertise nesse campo fizeram dela uma figura respeitada e influente. No entanto, a fortuna de Catarina não veio sem infortúnios. Ela perdeu seu marido ainda jovem, em um acidente ocorrido durante uma temporada de esqui nas majestosas montanhas dos Alpes. Essa tragédia deixou uma impressão duradoura em sua vida, mas também fortaleceu sua determinação em seguir e honrar a memória de seu amado esposo.

Catarina escolheu morar nos Alpes, em uma bela e isolada mansão, onde podia desfrutar da tranquilidade e da beleza serena das montanhas. A vista deslumbrante dos picos cobertos de neve e dos vales verdejantes era o cenário perfeito para suas reflexões e momentos de paz.

Apesar de sua idade, Catarina era uma mulher ativa e engajada. Ela continuava a se envolver nos negócios da construção naval, aconselhando e orientando os membros de sua equipe com sua sabedoria e experiência acumuladas ao longo do tempo. Sua paixão pelo setor e seu olhar perspicaz para oportunidades de investimento a mantinham em constante movimento.

Catarina também era uma patrona das artes e da cultura, apoiando iniciativas locais e promovendo eventos que valorizavam o talento artístico e a preservação das tradições culturais da região. Sua generosidade e dedicação ao desenvolvimento da comunidade eram amplamente reconhecidas e admiradas.

No seu tempo livre, Catarina gostava de se envolver em atividades como jardinagem, leitura e viagens curtas para explorar novos lugares dentro da região alpina. Ela apreciava a simplicidade e a beleza da natureza, encontrando conforto nas paisagens exuberantes e na serenidade do ambiente das montanhas. Detentora de uma grande fortuna, apesar de seu império financeiro, não tinha herdeiros para dar continuidade aos seus negócios.

Impressionada com a visão e dedicação de Yuri, Catarina decidiu convidá-lo para permanecer na Suíça ao seu lado e acompanhar o projeto, oferecendo-lhe posições de destaque, considerando o alto investimento envolvido. O convite de Catarina surpreendeu e lisonjeou Yuri. Ele entendia que essa oportunidade marcaria sua carreira. Aceitou o convite, ciente de que essa oportunidade não apenas solidificaria sua posição no projeto, mas também abriria portas para novas possibilidades e crescimento profissional.

A partir desse momento, Yuri estabeleceu residência na Suíça e passou a trabalhar ao lado de Catarina. Juntos, formaram uma forte parceria, focada em finalizar o projeto do navio dos sonhos e promover a sustentabilidade na indústria naval. Ao longo do tempo, Yuri desenvolveu um profundo respeito e admiração por Catarina. Sua relação transcendeu o ambiente profissional e tornou-se uma verdadeira amizade baseada em confiança e reciprocidade.

Enquanto o S.S. Aurora se aproximava da conclusão, Yuri e Catarina compartilhavam uma satisfação mútua pelo progresso alcançado. Juntos, superaram obstáculos, inspiraram suas equipes e se tornaram símbolos de perseverança e dedicação.

Durante sua estadia na Suíça, enquanto trabalhava no projeto do navio ao lado de Catarina, Yuri conheceu uma linda moça chamada Sofia. O encontro aconteceu em uma conferência sobre inovações sustentáveis na indústria naval, onde Yuri e Sofia compartilharam ideias e visões semelhantes sobre questões sociais. Sofia, uma mulher negra de origem sul-africana, tinha 25 anos e sua aparência refletia força e determinação. Seus olhos profundos e negros irradiavam uma intensidade que revelava sua sagacidade e espírito guerreiro. Com sua figura esguia e atlética, carregava a elegância e a graça de uma guerreira africana. Seus cabelos curtos exibiam uma textura única e padrões naturais, refletindo sua conexão com sua herança genética.

Formada pela Universidade de Joanesburgo, na África do Sul, Sofia escolheu ciências sociais por sua afinidade com as complexidades das sociedades. Seus interesses incluíam cultura, política, relações humanas e suas desigualdades. Com uma visão ampla das transformações ao longo do tempo, Sofia estava preparada para analisar padrões sociais e identificar causas e consequências. Seu objetivo era buscar soluções que promovessem igualdade e bem-estar coletivo. Sofia era uma mulher verdadeiramente deslumbrante, tanto em sua aparência física quanto em sua personalidade magnética. Sua beleza refletia sua alma cativante, e sua presença deixava uma impressão duradoura em todos que a conheciam.

O relacionamento deles floresceu rapidamente, fortalecido pela admiração mútua e pelo apoio que encontraram um no outro. Ao longo dos meses, Yuri e Sofia aprofundaram seu vínculo, descobrindo uma forte sintonia. Ele encontrou em Sofia uma parceira amorosa, dedicada e inspiradora para compartilhar sonhos e desafios. Yuri e Sofia decidiram dar um passo adiante e oficializar seu amor através do casamento. A cerimônia foi realizada em uma pitoresca cidade suíça, cercada por familiares e amigos próximos. Foi um momento de celebração e felicidade, onde Yuri e Sofia trocaram votos de amor eterno, comprometendo-se a caminhar juntos na jornada da vida.

Quase um ano depois, Yuri e Sofia acolheram emocionados seu primeiro filho. Era um menino, a quem deram o nome de Nicolai. O bebê, uma bela mistura do branco russo com o negro africano, tinha uma aparência amorenada que destacava os traços genéticos de ambos. Seus olhinhos curiosos e brilhantes refletiam um futuro promissor, e seus sorrisos enchiam a casa de alegria. Os médicos confirmaram que Nicolai era muito saudável. Certa noite, Catarina teve um sonho em que uma voz lhe dizia que sua partida estava próxima e que toda a sua fortuna fazia parte de um grande objetivo, no qual Yuri era um dos escolhidos para completá-lo. Ela acordou profundamente tocada e determinada a cumprir o propósito revelado no sonho. Convencida de que sua jornada estava finalizando, decidiu organizar seus projetos e constituir Yuri como gestor de sua fortuna. Via em Yuri uma combinação única de talento, visão, comprometimento e integridade, características que acreditava serem essenciais para o sucesso na execução das tarefas pendentes.

Capítulo 4 - Legados e Novos Horizontes

Motivada pelo desejo de ver seu legado ser continuado e seus propósitos alcançados, Catarina tomou medidas legais, de acordo com as leis vigentes, para garantir que sua riqueza e recursos fossem direcionados para Yuri. Elaborou um testamento, nomeando Yuri como o beneficiário principal e deixando a quantia de US$ 10.000,00 a cada ano trabalhado por seus auxiliares domésticos. Ela expressou com voz frágil, mas determinada, o desejo de vender todos os seus bens, exceto o estaleiro, a mansão e seus periféricos. Insistiu que os recursos obtidos deveriam ir para instituições que cuidam de idosos e crianças mundialmente. Argumentou que seus recursos e aplicações financeiras garantiriam uma vida confortável para Yuri e seus descendentes.

Catarina destacou a importância das doações anônimas e explicou a Yuri que o objetivo era ajudar os mais necessitados sem buscar reconhecimento ou glória pessoal. A senhora estabeleceu um prazo de 90 dias, a partir do seu falecimento, para que todas as etapas desse processo fossem concluídas. Ela acreditava que esse era o tempo necessário para que Yuri pudesse lidar com todas as negociações, garantindo que cada detalhe fosse cuidadosamente planejado e executado. Em uma manhã de maio, o ambiente tranquilo da mansão de Catarina foi interrompido pela ausência da ilustre senhora durante o café da manhã. Seus fiéis auxiliares, preocupados, iniciaram uma busca pela casa, e a encontraram em seu leito, serenamente deitada, sem vida.

A notícia da partida de Catarina se espalhou rapidamente entre os círculos mais próximos da aristocracia e do mundo da construção naval. Sua morte foi lamentada por aqueles que a conheciam e admiravam por sua inteligência, generosidade e determinação. Para honrar o último desejo de Catarina, uma cerimônia simples foi organizada, com a presença apenas das pessoas mais próximas a ela, amigos íntimos e colaboradores de confiança. O evento foi marcado por uma atmosfera de respeito e recolhimento, enquanto todos prestavam suas últimas homenagens a essa mulher notável. Catarina foi sepultada ao lado de seu amado marido, em um cemitério sereno próximo aos Alpes suíços. O local escolhido era um lugar de paz e tranquilidade, onde os dois poderiam descansar juntos, para toda a eternidade. Flores frescas e um clima de melancolia preencheram o ar, enquanto os presentes se despediam da amada Catarina.

Embora sua partida deixasse um vazio na vida daqueles que a conheceram, o legado de Catarina permaneceria vivo. Sua influência no mundo da construção naval e sua dedicação à comunidade seriam lembradas e celebradas por gerações futuras. Sua memória é um exemplo de coragem, determinação e amor que continuará a inspirar aqueles que a conheceram. Enquanto as lágrimas eram derramadas e os corações se entristeciam com a perda, Catarina era lembrada como uma mulher de grande classe e nobreza, cuja presença deixou marcas indeléveis nas vidas daqueles que tiveram o privilégio de conhecê-la. Que sua alma descanse em paz ao lado de seu amado marido, enquanto sua memória perdura nas histórias contadas e na gratidão daqueles que foram tocados por sua vida extraordinária.

Yuri, emocionado e honrado, aceitou a confiança nele depositada. Prometeu cumprir fielmente os desejos de Catarina. Ele se comprometeu a realizar todas as transações de forma ética e transparente, respeitando os princípios que ela sempre valorizou. Graças às determinações de Catarina e à dedicação de Yuri, o processo de venda dos bens, a distribuição dos recursos e o apoio às instituições de cuidado com idosos e crianças foram iniciados em todo o mundo. Além disso, uma grande fundação foi estabelecida para desenvolver projetos na América do Sul. O altruísmo silencioso de Catarina é um testemunho duradouro de seu espírito humanitário. Mesmo que seu nome permaneça oculto, o impacto positivo na vida de muitos é inegável.

Contratos de confidencialidade foram firmados com as entidades beneficiadas pelas doações, mantendo o anonimato. A imprensa mundial noticiou e especulou, mas nada concreto foi descoberto sobre a generosidade por trás dessas doações.

Yuri sabia que as tarefas à sua frente não seriam fáceis, mas estava determinado a cumprir o propósito e honrar a confiança depositada nele. Se rodeou de pessoas talentosas e comprometidas, formando uma equipe dedicada a trabalhar em conjunto para alcançar os objetivos estabelecidos. Tinha a responsabilidade de administrar os negócios e recursos deixados por Catarina. Viu a chance de continuar o projeto do grande navio em andamento. Usou meios eletrônicos para acompanhar e gerenciar o progresso à distância, observando com entusiasmo que se encaminhava para a conclusão.

Graças aos recursos financeiros e tecnológicos disponíveis, pôde garantir que os meios necessários para a conclusão do navio estivessem disponíveis. Trabalhou em estreita colaboração com a equipe de engenheiros, arquitetos e especialistas do estaleiro, para garantir que todos os detalhes fossem cuidadosamente executados conforme o planejado. À medida que o projeto se aproximava da conclusão, sentia uma mistura de entusiasmo e gratidão, sabia que o grande navio, com sua capacidade para transportar mais de 12.000 pessoas, seria uma realização notável e um testemunho do trabalho dele e da incrível visão de Catarina.

Nesta fase em que se inicia a conclusão do projeto, Yuri, Sofia e Nicolai mudaram-se para Miami para ficarem mais próximos e acompanharem de perto a finalização da construção, transformando a mansão de Catarina nos Alpes em um museu marítimo. Enquanto o projeto do grande navio se aproximava de sua conclusão, Yuri também começou a vislumbrar as possibilidades e o impacto que a embarcação teria. Questionava como o navio afetaria vidas, proporcionaria experiências e criaria oportunidades. Com a orientação divina, estava comprometido em utilizar o navio como uma plataforma para promover mudanças positivas. Ele imaginava-o navegando pelos oceanos, compartilhando conhecimento, inspirando pessoas e servindo como um exemplo de inovação e sustentabilidade.

O navio, fruto do projeto ambicioso e inspirador, se mostra como uma verdadeira obra-prima da engenharia naval, apresentando uma série de características impressionantes que o tornam único e inovador. Ao chegarem a sua nova casa, o navio, um sentimento de admiração e pertencimento imediatamente os envolveu. A magnífica embarcação, erguida com um esplendor que desafiava o horizonte marítimo, parecia acenar para eles com promessas de aventuras e descobertas.

Enquanto caminhavam pelo convés principal, sob a acolhida calorosa da tripulação, cada detalhe arquitetônico, cada linha e curva do design do navio, contava uma história de inovação, luxo e sonhos transformados em realidade. O ar salgado misturava-se com a brisa que acariciava seus rostos, e a vastidão do oceano estendia-se diante deles, um convite mudo para explorar o mundo de uma perspectiva totalmente nova.

Adentrando mais profundamente na embarcação, a sensação de caminhar por um domínio repleto de maravilhas aumentava. O navio, uma cidade flutuante de possibilidades, revelava suas camadas, corredores que conduziam a espaços de convívio e lazer meticulosamente planejados, onde a arte de receber bem era evidente em cada gesto da equipe, em cada sorriso acolhedor.

Era um mundo onde o passado de aventuras marítimas encontrava o futuro da engenharia e do conforto, preparando todos a bordo para uma experiência sem igual. Este primeiro passeio pelo navio não era apenas uma introdução às suas facilidades; era um ritual de boas-vindas, um prelúdio do que estaria por vir, marcando o início de uma nova vida no mar.

Chegando às acomodações que criaram para eles, uma mistura de conforto e elegância, os quartos bem equipados e luxuosos ofereciam vistas panorâmicas do mar, dando a dimensão da grandiosidade. Enquanto se instalavam, uma sensação de pertencimento os envolvia. Era como se tivessem encontrado um lar flutuante, um lugar onde poderiam construir novas memórias e desfrutar de uma vida repleta de possibilidades.

Com o SS Aurora agora como seu lar, Yuri mergulhou nos projetos de viagens em andamento. Ele começou a analisar cuidadosamente os itinerários planejados e os detalhes técnicos envolvidos. Sentado em seu escritório a bordo, Yuri estudava os mapas e os planos de rota, avaliando as distâncias, condições climáticas e a logística necessária para cada viagem. Ele revisava os cronogramas de partida e chegada, garantindo que tudo estivesse perfeitamente planejado.

O Capitão Marcus Vinicius comandava a embarcação SS Aurora. Ele era responsável por todas as operações e decisões a bordo, sendo um líder calmo, carismático e respeitado na indústria de cruzeiros. Nascido em uma família tradicional naval, Marcus desenvolveu paixão pelo mar e aventura desde cedo. Sua determinação e habilidades excepcionais o tornaram capitão do SS Aurora. Ele é conhecido por sua habilidade em lidar com emergências de forma calma e eficiente. Sua liderança inspiradora e sua capacidade de tomar decisões rápidas e precisas são fundamentais para garantir a segurança e o bem-estar de todos a bordo.

O Capitão Marcus Vinicius estava animado para acolher 1.500 pessoas, incluindo formandos da Universidade de Miami, familiares, professores e amigos, a bordo do SS Aurora para uma convenção de formatura. Ele ficou especialmente intrigado ao saber que esses representavam várias áreas da engenharia e medicina. Os formandos eram de engenharia civil, produção, mecânica, elétrica, química, medicina, biossistemas e agricultura. Marcus se animou com a diversidade de conhecimentos e perspectivas no navio. Ele reconheceu que os jovens profissionais simbolizam o futuro da inovação e avanço científico. A presença de estudantes de medicina enfatiza a relevância do cuidado com a saúde e bem-estar humano.

A festa não era só celebração, mas também uma chance de oferecer uma viagem inesquecível. Todos sabiam que a experiência de navegar por 90 dias por um roteiro incerto seria o complemento ideal para essa aventura. A incerteza em relação ao roteiro não diminuiu o entusiasmo dos formandos, pelo contrário, a ideia de embarcar em uma jornada de 90 dias com destinos desconhecidos acrescentava um elemento de aventura e descoberta à experiência.

Essa empolgação demonstrava a confiança e a curiosidade que cercavam o SS Aurora. O capitão percebeu que o navio já havia criado uma reputação de excelência, e muitos desejavam vivenciar essa experiência única, desde o seu início. Isso levou a equipe de marketing a desenvolver uma campanha comercial, colocando essa interrogação a respeito do roteiro, apenas informando que seria emocionante e empolgante.

A notícia de uma viagem tão exclusiva e emocionante rapidamente se espalhou, despertando o interesse de pessoas de diferentes partes do mundo. Os viajantes em potencial reconheceram a oportunidade de fazer parte dessa oportunidade única, explorando destinos desconhecidos enquanto desfrutavam de uma festa de formatura inesquecível. Esta campanha se mostrou um grande sucesso de marketing. Em poucos dias, já se possuía as pré-reservas, muito acima da capacidade, o que, com a confirmação da data de partida, poderia ter desistências, e novos turistas seriam adicionados.

O sucesso da campanha de marketing e o espírito generoso de Yuri levaram a uma decisão especial. Para expressar sua gratidão aos funcionários diretamente envolvidos na construção do SS Aurora, Yuri destinou 1.000 reservas exclusivas a eles e suas famílias. Esse gesto foi um reconhecimento pelo trabalho e dedicação que tornaram o navio uma realidade. Essa ação não apenas demonstrava a gratidão de Yuri, mas também refletia seu compromisso com o bem-estar e a satisfação de sua equipe. Ele entendia que o sucesso do SS Aurora não seria possível sem o trabalho coletivo e a expertise daqueles que dedicaram seus esforços à construção da embarcação.

Ao disponibilizar 1.000 reservas para os funcionários e suas famílias, Yuri pretendia criar um momento especial para eles, proporcionando uma experiência única de viagem e a chance de desfrutar dos resultados de sua dedicação intensa. Ele sabia que essa oportunidade seria valorizada e apreciada por cada membro da equipe, bem como por suas famílias. Essa ação fortalecia os laços entre funcionários e navio, criando um senso de comunidade a bordo. Os funcionários e suas famílias compartilhavam essa experiência inesquecível com colegas, criando memórias duradouras e estreitando os laços.

Essa generosidade por parte de Yuri era um reflexo de seu caráter e de sua crença na importância de retribuir àqueles que contribuíram para seu sucesso. Estava determinado a criar um ambiente de trabalho onde cada pessoa se sentisse valorizada e reconhecida, e essa iniciativa era um passo nessa direção. A medida também despertou ainda mais entusiasmo e motivação entre os funcionários, que se sentiram honrados e privilegiados por receberem a oportunidade de embarcar no SS Aurora com suas famílias, fortalecendo o senso de pertencimento à equipe.

A partida foi programada para 31 de janeiro, homenageando passageiros e tripulantes do Titanic. Este navio foi lançado ao mar em 31 de janeiro de 1912. Apesar do trágico naufrágio ocorrer em abril do mesmo ano, o lançamento inicial foi um marco importante na engenharia naval, sendo considerado um feito impressionante na época. A data não desencorajou os viajantes, pelo contrário, aumentou o interesse. Todas as passagens foram formalizadas, aguardando a partida. O Capitão estava curioso, parecia uma convenção mundial, já que passageiros do mundo todo foram selecionados pelas datas de pré-reservas.

O navio tinha profissionais tradicionais como capitão, oficiais de navegação, engenheiros e equipe de serviços. Além deles, contava com uma equipe diversificada, incluindo grupos musicais, bandas, cantores solo e artistas de diferentes estilos para entreter os passageiros. Professores de ioga e instrutores de atividades físicas também se apresentavam em diversas áreas do navio.

Cada restaurante a bordo tinha um tema culinário distinto, oferecendo aos passageiros a oportunidade de experimentar pratos autênticos e sabores de várias culturas. Desde a culinária italiana, francesa e japonesa até pratos regionais da Ásia, América Latina e do Oriente Médio, havia uma ampla seleção para satisfazer os paladares mais exigentes.

O navio SS Aurora estava pronto para receber os passageiros. A equipe de embarque organizou o processo de entrada a bordo para garantir tranquilidade e conforto. Decidiu-se realizar embarques em horários distintos para grupos de 3.000 pessoas, evitando aglomerações e proporcionando atendimento personalizado.

Capítulo 5 - Início de Uma Odisseia

Os passageiros começaram a chegar ao porto de Miami. O Capitão Marcus, acompanhado por Yuri e Sofia, subiu ao palco no convés principal, onde todos aguardavam ansiosos pelo início da viagem. Mensagens eram repetidas em telões imensos distribuídos ao longo do espaço, garantindo a visualização das informações. Com um sorriso caloroso e voz firme, o Capitão Marcus Vinicius iniciou seu discurso de boas-vindas no SS Aurora. Ele expressou gratidão pela presença de todos e enfatizou a importância histórica e a magnitude da viagem.

Senhoras e senhores, é com imenso prazer que dou as boas-vindas a todos vocês a bordo do SS Aurora, começou o Capitão Marcus. Hoje, iniciamos uma jornada única e inesquecível pelos mares. Neste majestoso navio, estaremos unidos como uma comunidade de exploradores, compartilhando momentos de descoberta, lazer e conexão humana. Lembrem-se, somos uma comunidade a bordo do SS Aurora. Vamos nos unir, apreciar as maravilhas do oceano e celebrar a diversidade cultural que nos une.

Durante seu discurso, o Capitão Marcus Vinicius fez uma observação importante. Ele lembrou a todos que a viagem no SS Aurora seguiria as leis americanas, já que o navio ostenta a bandeira dos EUA. É importante destacar que, embora estejamos navegando em águas internacionais, nossa jornada estará regida pelas leis e regulamentos dos Estados Unidos, explicou o Capitão Marcus. Como navio registrado sob a bandeira americana, devemos aderir às leis deste país durante toda a viagem.

Ele ressaltou que essa observância das leis americanas garantiria a segurança, o bem-estar e os direitos de todos a bordo. Ao seguir as leis dos Estados Unidos, estamos comprometidos em proporcionar uma experiência segura e protegida a todos os passageiros. Isso inclui proteções legais, direitos humanos e normas de conduta que devem ser observadas a bordo. O Capitão Marcus Vinicius reforçou que, embora a viagem fosse uma oportunidade para explorar diferentes culturas e destinos, era fundamental respeitar as leis e tradições dos países visitados durante as paradas. Ao atracarmos em portos estrangeiros, devemos respeitar as leis e costumes dessas nações. É essencial lembrar que somos embaixadores do SS Aurora e devemos representar nossa comunidade com respeito e consideração.

Os passageiros foram lembrados da responsabilidade de agir em conformidade com essas regras, para garantir uma experiência segura, harmoniosa e enriquecedora a bordo. O Capitão concluiu seu discurso desejando uma viagem memorável a todos e ressaltando a importância da colaboração e do respeito mútuo durante a jornada.

As equipes trabalharam desde cedo para receber todos a bordo e suas bagagens. Agora, com as 18 horas se aproximando, a última turma estava prestes a concluir o embarque. O sistema de comunicação do navio anunciou a festa de formatura da Universidade de Miami naquela noite. As vozes animadas dos estudantes ecoaram pelos corredores, preparando-se para celebrar o fim de uma etapa importante.

O Capitão Marcus, através dos alto-falantes e do sistema de comunicação por Wi-Fi, fez um último aviso aos passageiros. Ele anunciou que a partida do navio aconteceria no dia seguinte, após as 10 horas da manhã, permitindo que todos tivessem tempo para descansar e se preparar para a emocionante jornada que estava por vir.

Enquanto o sol começava a se pôr no horizonte, os passageiros se reuniram nos salões e espaços de convivência do navio, ansiosos para desfrutar da festa de formatura e celebrar o início dessa incrível viagem marítima. A energia no SS Aurora estava contagiante, com música, risos e conversas animadas preenchendo o ar. Os passageiros trocavam histórias, compartilhavam suas expectativas e faziam planos para explorar os destinos que estavam por vir.

Ao anoitecer, o salão principal do navio se transformou em palco de celebração. Decorações coloridas, luzes brilhantes e uma pista de dança já com muitas pessoas iniciavam a animação do local. O som contagiante da música convidava os passageiros a celebrarem.

O ambiente vibrava com alegria e euforia. Rostos sorridentes, vestidos elegantes e trajes impecáveis criavam uma atmosfera festiva. Os formandos dançavam ao som de músicas animadas, aproveitando cada instante especial. A equipe de entretenimento do navio também contribuiu para a animação da festa. Bandas ao vivo, DJs talentosos e artistas performáticos se revezavam no palco, garantindo que todos os presentes tivessem opções variadas de entretenimento.

Os convidados podiam escolher entre dançar ao som das batidas contagiantes ou simplesmente relaxar em uma das áreas de descanso, desfrutando de bebidas refrescantes e petiscos deliciosos. Durante a festa, palavras de congratulações e gratidão ecoavam pelos corredores. Os formandos se abraçavam e compartilhavam palavras de apoio e amizade, relembrando os momentos compartilhados ao longo de suas jornadas acadêmicas. A festa de formatura era mais do que uma simples celebração.

Era um momento de união, celebração da conquista individual e coletiva, e uma oportunidade para criar memórias preciosas que seriam lembradas por toda a vida. Enquanto a noite avançava, a atmosfera festiva continuava a contagiar a todos. A pista de dança permanecia cheia de pessoas que dançavam e se divertiam, criando uma atmosfera de alegria e camaradagem.

A formatura a bordo foi um sucesso, marcando o início da viagem com entusiasmo e celebração. Os passageiros estavam prontos para aproveitar essa experiência única e inesquecível.

Capítulo 6 - O Encontro com o Arquiteto

Na manhã seguinte, por volta das 6 horas, Yuri sentiu uma forte vontade de ir até a praia e caminhar na areia. Ele sabia que momentos de paz e reflexão eram essenciais para equilibrar sua mente e se conectar com a natureza. Vestindo roupas confortáveis e calçando seus chinelos, Yuri deixou o SS Aurora e seguiu em direção à praia.

O sol começava a surgir no horizonte, pintando o céu com tons dourados e rosados. O ar fresco da manhã acariciava seu rosto, trazendo consigo a brisa do mar. Yuri caminhava com passos serenos, deixando suas pegadas na areia enquanto observava as ondas suaves quebrando na costa.

Enquanto caminhava, ele absorvia a tranquilidade e a serenidade do ambiente ao seu redor. O som das gaivotas voando no céu e o sutil sussurro do mar se mesclavam em uma sinfonia natural, proporcionando-lhe um momento de paz interior. Yuri pensava na grandiosidade do oceano. A imensidão azul à frente o maravilhava, lembrando-se de como a construção do SS Aurora evidenciava o poder e a força do mar. Ele garantia a segurança e o conforto de milhares de passageiros e tripulantes, mas encontrava força na natureza ao redor, lembrando-se de seu propósito e determinação na jornada. Yuri sentiu um arrepio percorrer sua espinha ao perceber passos na areia ao seu lado. Sem identificar a origem, seus olhos fixaram-se no chão, buscando alguma pista. No entanto, não havia ninguém visível ali.

Curioso e um tanto intrigado, Yuri decidiu seguir os passos, acompanhando seu ritmo na areia. Enquanto caminhava, sua mente se enchia de questionamentos e especulações. Quem poderia estar caminhando ao seu lado, invisível aos seus olhos? Seria uma manifestação divina, um encontro com o sobrenatural? Experiências com Deus e missões atribuídas já despertaram nele uma nova visão de mundo. Ele sentiu uma conexão com o divino que transcendia a mente e a lógica.

Caminhando ao lado dos passos misteriosos, Yuri sentiu paz e proteção. Uma energia sutil parecia emanar da presença invisível, transmitindo conforto e serenidade. Embora não visse quem estava ali, ele não sentia temor.

Durante a caminhada, Yuri notou que os passos estavam em sincronia com o seu ritmo. Assustou-se com uma gaivota voando em sua direção, desviando brevemente sua atenção. Ao voltar seu olhar para a praia, surpreendeu-se com um homem ao seu lado. Ele possuía características que lembravam um renomado ator.

O homem ostentava trajes típicos de um turista na Jamaica, com tonalidades vivas e estampas tropicais. Seu sorriso amável e olhos repletos de sabedoria eram cativantes, transmitindo uma sensação de serenidade e tranquilidade. Shlomo Bokher, disse ele, sorrindo, bom dia, paz da manhã.

ܐܒܘܢ ܕܒܫܡܝܐ ܢܬܩܕܫ ܫܡܟ ܬܐܬܐ ܡܠܟܘܬܟ ܢܗܘܐ ܨܒܝܢܟ ܐܝܟܢܐ ܕܒܫܡܝܐ — (fonte chat GPT)

Pai nosso, que estás nos céus, santificado seja o teu nome, venha o teu reino, seja feita a tua vontade, assim na terra como no céu. O pão nosso de cada dia nos dá hoje, perdoa as nossas dívidas, assim como perdoamos aos nossos devedores, e não nos deixes cair em tentação, mas livra-nos do mal, porque teu é o reino, o poder e a glória para sempre. Amém.

Surpreendentemente, Yuri entendeu todas as palavras do homem em aramaico, mesmo sem conhecimento prévio. Parecia existir um vínculo especial entre eles, ultrapassando obstáculos de idioma para uma compreensão direta. O Arquiteto contou a Yuri que ele fazia parte de um plano maior, envolvendo missões específicas para ele realizar.

Ele compartilhou visões de eventos históricos, como a história de Noé, ressaltando a importância dessas experiências para entender o plano divino. Surpreso, Yuri notou que tudo ao seu redor estava imóvel, como se o tempo tivesse parado. O mundo parecia em pausa, o mar tranquilo, as gaivotas no céu e as pessoas, em suas rotinas diárias, pareciam suspensas em um momento infinito.

O Arquiteto explicou a Yuri que essa pausa no tempo foi feita para proteger a ordem natural das coisas. Ele revelou que certos momentos críticos exigem uma intervenção especial, permitindo avaliar e corrigir situações delicadas ou desequilibradas antes que o tempo retome seu curso normal.

Ele compartilhou a natureza volátil do tempo e como, em momentos cruciais da história, ele foi retrocedido para evitar grandes perigos e preservar a ordem das coisas. Explicou que essas situações foram cuidadosamente avaliadas e, quando necessário, o tempo foi revertido para permitir que os eventos se desdobrassem de maneira mais benéfica.

No entanto, ressaltou que Yuri não tinha conhecimento dessas intervenções temporais em situações anteriores. Para ele, esses eventos ocorreram em uma linha do tempo alternativa apagada, assim, ele não possuía memórias dessas situações, considerando que tudo reiniciou a partir de um momento. O Arquiteto enfatizou que essa retroação do tempo é uma medida excepcional e só é acionada em circunstâncias críticas.

Ressaltou que o livre-arbítrio e as escolhas individuais desempenham um papel fundamental nesses eventos, e a retrocessão do tempo ocorre para reconsiderar e redefinir essas escolhas.

Yuri compreendeu que a manipulação do tempo é uma ferramenta poderosa, mas também carrega responsabilidades e implicações significativas. Ele percebeu que, embora não possuísse conhecimento direto das retroações temporais passadas, era parte de um processo maior que busca garantir a segurança e o bem-estar da humanidade em sua totalidade. O Arquiteto do Universo compartilhou com Yuri uma revelação impactante, se ele soubesse quantas vezes os botões nucleares foram acionados ao longo da história, ficaria verdadeiramente surpreso. Essa afirmação ressaltava a preocupação com as ações humanas e o poder destrutivo que podem desencadear.

Ele explicou que, em várias ocasiões críticas, a humanidade esteve à beira de um desastre nuclear. Houve momentos em que líderes inescrupulosos, tomados pela irracionalidade, pelo medo ou pelo desejo de poder, acionaram esses botões fatais, desencadeando uma catástrofe global.

A capacidade de interferir no tempo atuou para evitar que essas ações fossem concluídas, retrocedendo o tempo, modificando eventos e influenciando as circunstâncias para impedir a ocorrência de uma destruição em massa.

O Arquiteto aproveitou essa oportunidade para destacar a importância do livre-arbítrio. Embora tenha o poder de interferir no tempo, escolhe não influenciar diretamente nas preferências e ações individuais das pessoas. Em vez disso, influencia as circunstâncias para criar oportunidades de mudança, crescimento e redenção. Ele concordou com as reflexões de Yuri sobre a situação atual da humanidade.

Reconheceu que os seres humanos chegaram a um ponto crítico em sua evolução, onde a desigualdade, a escassez de recursos e os sistemas injustos têm gerado um desequilíbrio insustentável.

Ele explicou que o evento iminente é uma espécie de reinício para a humanidade. É uma oportunidade de repensar e estruturar um novo sistema global, baseado em princípios de justiça, equidade e solidariedade. Enfatizou que muitos dos problemas enfrentados não podem ser resolvidos pontualmente, pois estão enraizados em estruturas e sistemas complexos. Portanto, iniciar de novo é uma forma de desmantelar essas estruturas e reconstruir uma sociedade mais justa e sustentável.

Mencionou a fome generalizada e o mundo separado por fronteiras, muros e cercas, ressaltando que não deveria ser assim. Tudo foi feito para todos, sem divisões ou separações. Não era esperado que houvesse muito ricos ou muito pobres, crianças famintas ou idosos abandonados, nações ricas rejeitando pobres. Esses são exemplos dos desafios enfrentados, e ele ressaltou que essas questões não podem ser abordadas isoladamente, mas exigem uma transformação abrangente do sistema.

Ele destacou a importância de uma abordagem holística, onde todos os aspectos da sociedade, economia, política, meio ambiente e saúde sejam considerados em conjunto. Enfatizou que isso requer a participação e o compromisso de todos os indivíduos, pois a mudança real só pode ocorrer quando cada pessoa contribui para o bem comum.

O Arquiteto revelou a Yuri que, durante a viagem, no décimo sétimo dia ao amanhecer, ocorrerá um grande evento no espaço. Assegurou-lhe que tudo ao seu redor será preservado e protegido. Citou uma referência ao início da conversa, mencionando Noé e a história do dilúvio. Explicou que a história contada não é como foi relatada, mas a essência é a mesma. Assim como Noé foi escolhido para construir a arca e preservar a vida, Yuri também tem um papel importante a desempenhar nesse evento iminente.

O Arquiteto mencionou que uma nova ordem será estabelecida e será regida por formalidades que Yuri receberá. Ele fez alusão à Tábua dos Dez Mandamentos, mas explicou que essa nova ordem será uma versão mais moderna, adaptada aos tempos atuais. Finalmente, o Arquiteto falou a Yuri sobre as três esferas que caíram em seu carro, comentando que essas esferas têm um significado especial e estão relacionadas às tarefas e missões a ele atribuídas. Ele revelou que o tempo avançará o necessário para reacomodar as estruturas. Yuri foi tranquilizado ao afirmar que tudo será coordenado e supervisionado.

Essa mudança no tempo é parte de um plano maior, onde a humanidade terá a oportunidade de recomeçar e aprender com os erros do passado. Será uma chance de reavaliar as escolhas e os caminhos tomados pela sociedade, buscando uma nova forma de viver em harmonia com a natureza e com os demais seres humanos.

Embora a situação possa parecer desafiadora, o Arquiteto garantiu a Yuri que haverá orientações e diretrizes para guiar os grupos humanos nessa nova realidade. A coordenação cuidadosa garantirá que a humanidade seja protegida e que a evolução seja orientada para um futuro melhor.

Após as explicações sobre o avanço no tempo, Yuri recebeu a notícia de que, embora a humanidade seja transportada para o futuro, toda a tecnologia será preservada, com exceção daquela relacionada à destruição em massa. Isso significa que as conquistas científicas e tecnológicas que impulsionaram a sociedade moderna serão mantidas.

Essa preservação permite que as pessoas utilizem essas ferramentas para facilitar sua jornada na nova realidade. Yuri ficou surpreso ao descobrir até onde a ganância humana pode chegar, ao saber que doenças incuráveis têm cura, com métodos muito baratos para tratá-las, mas não despertam interesse dos gigantes grupos farmacêuticos que só visam lucro, esses estudos terão conhecimento dos escolhidos. A preservação da tecnologia, exceto aquela relacionada à destruição em massa, oferece às pessoas a oportunidade de aplicar seu conhecimento e habilidades em um contexto diferente.

Isso pode desempenhar um papel importante na sobrevivência, no desenvolvimento de novas soluções e na evolução da sociedade em um ambiente desafiador.

Yuri, com os outros grupos humanos, terá a tarefa de utilizar a tecnologia disponível de maneira responsável. Eles devem encontrar maneiras de prosperar e se adaptar aos novos desafios, visando aprender com os erros do passado e construir uma sociedade mais equilibrada e sustentável. Utilizar a tecnologia de forma consciente para promover o bem-estar coletivo será essencial.

Foi revelado que histórias de anjos são verdadeiras. O Arquiteto explicou a Yuri que ele possui uma vasta equipe de auxiliares para ajudá-lo em sua missão. Esses auxiliares podem assumir diferentes formas e desempenhar diferentes funções, atuando como guias, protetores e mensageiros divinos.

Eles podem ser comparados aos anjos descritos em várias tradições religiosas e espirituais ao longo da história, e estarão presentes para oferecer suporte, orientação e assistência em momentos cruciais em sua jornada.

É importante ressaltar que esses auxiliares não interferem no livre-arbítrio. Eles são uma fonte de inspiração e ajuda, mas cabe a Yuri tomar as decisões e agir de acordo com seu próprio discernimento.

O Arquiteto, com um sorriso sereno, chamou Yuri para perto e compartilhou uma notícia que faria seu coração transbordar de alegria. Conhecendo teu coração, sei que ficará feliz em saber que Sofia está esperando duas meninas, disse ele, seus olhos brilhando de sabedoria e compreensão. Gostaria que considerasse dar-lhes os nomes de Lara e Maria Madalena.,

Yuri ficou momentaneamente sem palavras, absorvendo a magnitude da revelação. A notícia encheu seu ser de uma mistura de alegria e responsabilidade. Ele sabia, instintivamente, que essas duas crianças seriam especiais, portadoras de propósitos grandiosos, assim como Nicolai.

O Arquiteto continuou, sua voz calma e poderosa, além disso, de agora em diante, serás conhecido como Noah., este novo nome parecia carregar um peso sagrado, um símbolo de renascimento e uma nova jornada.
Ao ouvir os nomes Lara e Maria Madalena, algo profundo ressoou dentro de Noah. Ele sentiu que esses nomes não eram meras escolhas, mas sim, carregavam significados profundos e destinos entrelaçados com o seu próprio. Lara evocava imagens de força e beleza, enquanto Maria Madalena trazia consigo um senso de redenção e compaixão. Com esses nomes, ele pressentia que suas filhas teriam papéis importantes a desempenhar no grande tecido da vida.

É comum ouvir que o tempo para Deus é diferente, onde segundos podem ser 1 milhão de anos, e isso é verdade. É assim quando necessário. Fique tranquilo, estarei com você em todos os momentos. Não me verá, mas estarei com você. Viu as marcas na areia, mas não podia me ver, então fique tranquilo. O Arquiteto se despediu, afastando-se em passos até desaparecer.

Noah, tomado por um sentimento de urgência e felicidade, foi até Sofia para compartilhar a notícia. Ao encontrá-la, seus olhos encontraram os dela e, com uma voz cheia de emoção, ele disse, Sofia, o Arquiteto nos abençoou com uma maravilhosa notícia. Estamos esperando duas meninas.

Sofia, surpresa e emocionada, levou as mãos ao rosto, seus olhos brilhando com lágrimas de alegria. Noah continuou segurando suas mãos com firmeza e ternura. Ele sugeriu que considerássemos os nomes Lara e Maria Madalena para elas. Sinto que esses nomes são muito significativos e especiais.

Sofia sorriu através das lágrimas, sentindo a profundidade e o significado das palavras de Noah. Lara e Maria Madalena, repetiu ela suavemente, como se testasse os nomes em seus lábios. São nomes lindos. Elas terão destinos grandiosos, Noah, assim como Nicolai.

Naquele momento, enquanto os dois compartilhavam um abraço cheio de amor e esperança, Noah sabia que suas vidas estavam entrelaçadas em uma tapeçaria de propósitos divinos. Ele estava pronto para abraçar essa nova fase, para guiar e proteger suas filhas com todo o amor e sabedoria que possuía. Naquele momento, ele percebeu que não apenas sua vida, mas o futuro de sua família, estava se desenrolando de maneira maravilhosa e misteriosa, guiada por forças além de sua compreensão.

Capítulo 7 - Zarpar em Maré Alta

Aproximava-se das 10:00 da manhã. Sirenes foram acionadas, as últimas amarras foram soltas e o SS Aurora começou a se mover suavemente, afastando-se do porto de Miami. O navio deslizava pelas águas calmas do oceano Atlântico, abandonando a paisagem familiar da cidade costeira. Enquanto o navio ganhava velocidade, os passageiros se reuniam nas áreas de convés, observando com admiração a cidade desaparecer no horizonte. Alguns seguravam câmeras para capturar os primeiros momentos da viagem, enquanto outros simplesmente se maravilhavam com a imensidão do mar diante deles.

O Capitão Marcus Vinicius fez um anúncio pelo sistema de som, saudando os passageiros a bordo e desejando-lhes uma viagem segura e prazerosa. Ele compartilhou a informação de que o roteiro seria anunciado em partes, para criar expectativas em cada novo porto. A bordo, a atmosfera era de animação e entusiasmo. Os passageiros se misturavam, explorando as diversas comodidades e atividades disponíveis no navio. Alguns desfrutavam dos restaurantes temáticos, saboreando uma variedade de pratos internacionais, enquanto outros participavam de atividades como aulas de dança, sessões de spa ou relaxavam em uma das piscinas luxuosas.

À medida que o SS Aurora navegava pelo oceano, as paisagens marítimas se desdobravam diante dos olhos dos passageiros. Desde o romântico pôr do sol até o céu estrelado durante a noite, cada momento era capturado em memórias preciosas. Enquanto isso, Noah e Sofia desfrutavam da companhia um do outro, sabendo que algo especial estava prestes a acontecer em suas vidas. Eles compartilhavam sorrisos e abraços, cientes de que estavam embarcando em uma jornada única e cheia de surpresas. Enquanto o SS Aurora cortava as águas do oceano, o destino permanecia um mistério. Contudo, a emoção e a aventura estavam apenas começando para todos a bordo.

Noah estava na ponte de observação do SS Aurora, olhando para o horizonte com seu binóculo quando avistou uma grande silhueta cinzenta se aproximando. Era um navio cargueiro, carregado de contêineres coloridos. Noah pegou seu comunicador e chamou o capitão Marcus Vinicius. Capitão, aqui é o Noah. Temos um navio cargueiro à frente, a cerca de 10 quilômetros de distância. Parece estar no mesmo caminho que nós. O capitão respondeu que já havia identificado pelo radar. Era o MV Atlantic, um dos maiores navios cargueiros do mundo. Pelo roteiro que pesquisou junto à sua controladora, ele estava transportando mercadorias para o México e, depois, para a Europa.

Que impressionante, exclamou Noah, você acredita que podemos nos aproximar dele? Possivelmente sim, respondeu o comandante, irei me comunicar com o capitão do MV Atlantic e solicitar permissão. Seria uma boa oportunidade para os nossos passageiros tirarem fotos e admirarem essa maravilha da engenharia naval de cargas. Noah recebeu a aprovação imediata. Ele voltou a olhar para o navio cargueiro com curiosidade e admiração, imaginando como seria a vida a bordo de uma embarcação tão grande e diferente da sua. Ele esperava poder ver de perto aquele gigante dos mares.

O capitão Marcus Vinicius pegou seu rádio e ligou para o MV Atlantic. Identificou-se e pediu permissão para se aproximar do navio cargueiro. Do outro lado, respondeu uma voz grave e cordial, identificamos a comunicação da sua embarcação. Aqui fala Cesar, sou capitão do MV Atlantic. Ficamos felizes que estejam admirando nossa embarcação. O seu navio de cruzeiro também é uma construção fantástica. Li muito a respeito dele e assisti a muitos vídeos desde seu lançamento ao mar. Sei que é a primeira viagem comercial.

Marcus Vinicius solicitou permissão para se aproximar até o limite de segurança para que os passageiros do SS Aurora pudessem ver de perto a grandiosa embarcação. A permissão foi concedida imediatamente, apenas alertando que a aproximação deveria ser feita com muita cautela, considerando que o navio de carga é muito pesado e tem uma grande inércia. Contente com a aceitação, Noah foi comunicado imediatamente, transmitindo as boas notícias e relatando que seu colega capitão foi muito gentil e educado.

O capitão Marcus Vinicius ajustou o curso do SS Aurora e começou a se aproximar do MV Atlantic com cuidado e cautela. Anunciou aos passageiros pelo alto-falante que eles teriam a oportunidade de ver de perto um dos maiores navios cargueiros do mundo. Ficaram animados e correram para as janelas e varandas do navio, pegando suas câmeras e celulares para tirar fotos e vídeos do cargueiro que se aproximava, maravilhados com o tamanho e a magnitude daquela embarcação colossal. Marcus passou a Noah o perfil do Capitão Cesar, colhido em seus sistemas de segurança. Tratava-se de um jamaicano de 45 anos, casado e pai de um filho, graduado em Navegação Marítima, com 20 anos de experiência em navegação, mais de 10 como capitão de navios de carga. Carismático, aventureiro, prudente e responsável, ama o mar, adora enfrentar desafios e superar obstáculos, gosta muito de reggae e é fanático por Bob Marley. Tem um leão tatuado no braço direito, símbolo do movimento rastafári.

Quanto ao navio, este tem capacidade de transporte de 661 milhões de kg de carga, o equivalente a 33 mil caminhões carregados. O Capitão Marcus recebeu um convite de Cesar para conhecer seu navio. Após consultar Noah, aceitaram e agradeceram. Ficou combinado que iriam de helicóptero por volta das 12 horas. No momento acordado, a comunicação foi feita e autorizada.

O capitão Marcus Vinicius e Noah, em voo, olharam pela janela e viram seu navio ficando distante. Também viram o MV Atlantic se aproximando. Era muito grande, com centenas de contêineres empilhados em várias cores. Ficaram impressionados com o tamanho do navio. Em seguida, o helicóptero pousou no heliporto da embarcação, próximo à ponte de comando. Já avistaram o Capitão Cesar acenando da área de comando. Enquanto caminhavam pelo convés, notaram a complexidade e organização dos equipamentos e cargas. Ao se aproximarem da área de comando, encontraram uma sala ampla e moderna, com vários painéis, telas e botões. O Capitão Cesar estava lá, sorrindo e vestindo um uniforme branco impecável. Aproximou-se de Marcus Vinicius e Noah e os cumprimentou com um forte aperto de mão.

É um prazer recebê-los no meu navio. Eu sou Cesar, do MV Atlantic. Noah falou a Cesar, É uma honra conhecê-lo e conhecer o seu navio. Nós somos gratos pelo seu convite. Em seguida, apresentou o capitão Marcus Vinicius. Foram levados pelo capitão para um tour e se colocaram à disposição para eventuais curiosidades, adiantando que seriam seus convidados para o almoço, que já estava em preparo, com pratos típicos da cozinha caribenha. Com alegria, concordaram e continuaram a caminhar. Ouviram ruídos parecidos com mugidos, relinchos, berros de ovelhas e, mais atentamente, até cacarejos de galinhas. Indagaram ao Capitão sobre o que seriam esses sons, que lembravam muito uma fazenda.

Sorrindo, o Capitão Cesar respondeu a Noah, estamos iniciando uma experiência nova no transporte de cargas. Além do que habitualmente transportamos, como grãos, produtos acabados e de tecnologia, estamos incluindo o transporte de animais vivos, grandes lotes de animais de raça apurada, exportados para diversos países. Temos bovinos, equinos, ovinos e até aves.

Eles ficam em compartimentos especiais, com ventilação, alimentação e cuidados veterinários adequados. É um desafio logístico e sanitário, mas também uma oportunidade de negócio. Noah e Marcus Vinicius ficaram surpresos e curiosos com essa informação. Pediram ao Capitão Cesar se podiam ver os animais de perto. Ele concordou e os levou até a área onde eles estavam alojados. Lá, viram vários contêineres adaptados, com grades, janelas e portas.

Dentro deles, havia animais de diferentes espécies, raças e tamanhos. Pareciam saudáveis e tranquilos. O Capitão Cesar explicou que tinham um sistema de monitoramento e controle dos animais, que permitia verificar suas condições de saúde, temperatura, umidade, alimentação e água. Disse também que tinham uma equipe de veterinários e tratadores a bordo, que cuidavam dos animais diariamente.

Noah e Marcus Vinicius ficaram impressionados com a organização e a tecnologia envolvidas nesse tipo de transporte. Elogiaram o Capitão Cesar pelo seu trabalho e pela sua inovação. Tiraram algumas fotos dos animais e dos contêineres, com a permissão do capitão. Após verem os animais, seguiram para o refeitório do navio, onde o almoço já estava pronto. Era uma refeição saborosa e variada, com pratos típicos da culinária caribenha, como arroz com feijão-preto, frango assado com molho de coco, salada de frutas tropicais e suco de abacaxi.

Sentaram-se à mesa e conversaram sobre suas experiências como capitães de navios tão diferentes, mas tão importantes para o comércio mundial. Trocaram ideias, dicas e histórias sobre suas viagens pelos mares. Sentiram-se como velhos amigos, unidos pela paixão pelo mar. O Capitão Cesar comentou que todos esses animais iriam para a grande feira no México, uma versão da Expo Agroalimentaria Guanajuato, considerada a maior feira do setor agropecuário da América Latina. Essa feira acontece anualmente em novembro na cidade de Irapuato, no estado de Guanajuato, essa edição extraordinária será realizada em Cancun, no mês de março.

Ele também observou que muitas máquinas e equipamentos agrícolas estavam sendo transportados para a mesma feira no navio. Um pavimento inteiro é preenchido com esses equipamentos, o suficiente para iniciar um projeto agrícola de porte. Brincando, disse que se sentia como se estivesse na arca de Noé, rindo, enquanto olhava para Noah. Marcus o acompanhou na risada, e o Capitão Cesar se desculpou logo em seguida, explicando que não estava se referindo à luxuosa embarcação de Noah, mas sim à barca bíblica de Noé.

O capitão mencionou que todos esses animais e as máquinas estavam à venda. Hoje, com a tecnologia, tudo é feito à distância, o que é conveniente, e ele destacou que essa viagem o levava mais perto de casa. Que momentos agradáveis, comentou Noah, aproveitando a oportunidade para convidar Cesar para retribuir a visita ao SS Aurora, convite prontamente aceito. Noah então compartilhou com Cesar algumas preocupações que gostaria de discutir em uma reunião. Essa pode ser a razão por trás desse encontro tão inesperado. Ambos concordaram em se encontrar no dia seguinte para um almoço de retribuição, onde poderiam conversar com mais detalhes sobre os assuntos que os preocupavam.

No dia seguinte, o Capitão Marcus Vinicius iniciou sua rotina como fazia todos os dias, passando em revista as principais áreas do navio. Na praça central, que era uma área de convivência, ele se aproximou de um banco característico de praças, sentou-se e começou a relembrar o sonho que tivera naquela noite. Por um momento, ficou em estado de reflexão, pois suas lembranças eram extremamente vívidas e detalhadas. No sonho, uma intensa luz acompanhada por uma voz terna e serena fornecia instruções de procedimentos que deveriam ser adotados com extrema urgência. Era claro que essas instruções tinham um prazo a ser cumprido, deveriam ser concluídas e disponibilizadas até as 6 horas do décimo quarto dia de viagem.

As providências teriam que ser tomadas com urgência, e seriam, Utilização da sala de convenções do navio, retirando toda a mobília, deixando apenas a iluminação, providenciando junto ao navio de carga madeira de Cedro, vinda do Brasil, de cor castanho-avermelhada. Carpinteiros construirão uma grande mesa redonda de 36 metros de circunferência. A cada 3 metros, haverá uma divisória sob o tampo, criando 12 espaços. Essas divisórias darão sustentação ao tampo e haverá uma cadeira em cada espaço.

Entre as mercadorias no navio cargueiro, haverá peças de tecido de linho. Entre elas, 50 azuis e 20 brancas. Costureiras entre a tripulação, se apresentarão para confeccionar 12 túnicas. Lembro que a voz mencionou para não se preocupar, pois cada costureira saberia as medidas e o método de confecção necessário. Além disso, o navio possui uma oficina para esse propósito. Qualquer quantidade de tecido que não fosse utilizada desses lotes deveria ser reservada e não poderia ser destinada a outros fins. Comentou que o Capitão Cesar também recebeu mensagens e, embora estivesse processando-as, ele já solicitou que localizassem essas mercadorias. Cesar planejava fazer a comunicação a Noah sobre o assunto. Marcus estava atônito, ainda rememorando todo o seu devaneio que não parecia uma fantasia. Havia tantas informações e detalhes, o que tornava difícil acreditar que tudo o pudesse ter sido recebido em um simples sonho.

Resolveu procurar Noah, que já estava em seu gabinete. Ao entrar na sala, percebeu que ele estava sentado em sua mesa, com a cadeira virada e olhando para a janela. Recebeu autorização para entrar, quando voltou a cadeira e dirigiu seu olhar para Marcus Vinicius, parecia que já sabia o que seria revelado, e se adiantou, Capitão, percebo que as situações estão se encaixando. Penso que queira me falar que teve revelações em sonhos. O capitão respondeu prontamente, confirmando a suspeita. Noah então comentou que já estava ciente do sonho e das providências que precisavam ser tomadas, mencionou que isso também envolvia o Capitão

Cesar e questões relacionadas àquele navio. Enquanto discutiam alternativas para abordar o capitão e organizar a comunicação dele, foi pedida autorização para que o helicóptero de Cesar pousasse no SS Aurora. Além disso, concordaram em antecipar a reunião que estava prevista para o meio-dia. Essa antecipação foi imediatamente autorizada por Noah.

Noah e Marcus Vinicius se dirigiram ao heliporto, observando o helicóptero pousando. Após os procedimentos de segurança e o desembarque serem concluídos, eles se aproximaram, cumprimentaram-se e perceberam um estado de preocupação em Cesar. Noah indagou sobre os motivos dessa antecipação, e Cesar, um pouco constrangido e preocupado com a possibilidade de ser mal interpretado, falou sobre uma situação inusitada que aconteceu durante o seu sono. Descreveu um sonho muito estranho que o deixou muito preocupado e inseguro, mencionando que tanto ele quanto Noah e Marcus estavam envolvidos nesse sonho.

Noah, também apreensivo, convidou o Capitão Cesar para uma reunião em seu gabinete. Os três se dirigiram para lá, fecharam a porta, sentaram-se e iniciaram um diálogo para tentar entender o que estava por vir. Durante a conversa, Cesar mencionou a madeira de cedro, confirmando a existência de um grande lote sendo transportado. Ele também falou sobre as peças de linho azul e branco que verificou e confirmou, além de mencionar que essas informações já haviam sido compartilhadas com Noah e Marcus. A discussão continuou enquanto eles tentavam esclarecer os detalhes e significados das revelações.

Noah começou a descrever a trajetória do SS Aurora desde o início. Ele detalhou a conclusão da construção da embarcação, a seleção da tripulação e passageiros, parecendo que todos se escolheram para a viagem. Cesar ouviu atentamente e concluiu que, se Noah aceitasse, colocaria sua própria embarcação ao lado do SS Aurora e esperaria para ver como os eventos se desenrolariam. Ele mencionou que em seu sonho foi transmitida uma sensação de segurança para sua embarcação e tripulação. Embora ele não soubesse como isso ocorreria, foram dadas indicações de grandes turbulências na vida como a conhecemos.

Preocupado, Marcus interrompeu para comentar algo quase como uma orientação, Capitão, em nossas pesquisas, descobrimos que você é casado e tem um filho. Minha família está a bordo conosco neste navio, e estou preocupado com a segurança de sua família. Como você conciliaria essa situação? Cesar, com um semblante mais aliviado, compartilhou que, de forma estranha, sua esposa demonstrou um interesse insistente em passar uns dias no navio. Ela deseja vir com seu filho, e considerando essa insistência, ele concordou. Eles devem estar a bordo no final do dia, chegando de helicóptero, já que não moram muito longe.

Noah disse, Veja, tudo está previsto. Podemos providenciar o transporte desta madeira e tecidos de imediato, concorda Cesar? Até o final do dia, concluiremos o remanejamento, já que os itens estão localizados. O almoço foi cancelado e cada capitão retornou às preparações em suas embarcações. Capitão Marcus Vinicius formou uma equipe e começou a esvaziar o grande salão de convenções, anteriormente usado para seminários e congressos.

Telões, equipamentos de projeção, som, palco e cadeiras foram todos retirados, deixando apenas a iluminação e refrigeração. Toda a decoração foi removida. Esta tarefa foi concluída em tempo recorde de 2 horas com a ajuda de 50 operários. O resultado foi uma grande área vazia, com um encanto curioso.

Noah entrou no salão vazio e sentiu uma energia intensa. Aos poucos, ele começou a observar pessoas chegando com equipamentos de carpintaria. Esses operários se apresentaram como a equipe encarregada de construir uma grande mesa com cadeiras. Ficou curioso e perguntou como foram contratados para o trabalho. Um dos operários respondeu que foram contratados por uma pessoa chamada Elias. Ele descreveu Elias como alto, com cabelos grisalhos, um sorriso gentil e uma voz calma que transmitia autoridade. Elias explicou que uma grande reunião estava planejada e essa mesa era necessária. Ele passou o projeto e disse que a madeira estaria disponível no local. A equipe concordou e estava pronta para iniciar o trabalho, mas eles não viram nenhuma madeira presente no salão.

Noah terminou seu comentário e observou operários trazendo grandes pranchas de madeira. Eles posicionaram no centro da área e cada marceneiro sabia o que fazer. Logo começaram a construir a grande mesa. Simultaneamente, 12 costureiras estavam na oficina de costura do navio, como se tivessem sido convocadas. Elas faziam parte da tripulação e tinham grandes habilidades na arte da costura. Cada costureira possuía um projeto para confeccionar uma túnica de linho azul, da cor de sua flor, com um manto branco também de linho. Todas elas sabiam as medidas exatas a serem usadas, bem como os nomes que deveriam ser inscritos em cada manto. Com o tecido já disponível, elas começaram seus trabalhos, cientes de que teriam que trabalhar durante as noites e parte dos dias seguintes para concluir tudo até a tarde do décimo terceiro dia. De maneira semelhante, os carpinteiros também estavam ativos.

Como por encanto, às 12 horas do dia seguinte, todas as tarefas estavam concluídas. Uma grande mesa redonda, brilhante e imponente, rodeada por cadeiras, estava pronta. A madeira utilizada era o cedro, que tem uma significância especial. O cedro é mencionado na Bíblia, no Alcorão, na mitologia grega, na cultura celta, na tradição hindu e em várias outras, sendo considerada uma árvore sagrada. Ela simboliza a conexão entre o céu e a terra, representando incorruptibilidade, proteção e força.

Como um trabalho complementar, os carpinteiros criaram 13 grandes cabides fixados em pontos estratégicos no salão. De maneira quase como uma indução mecânica, cada costureira entrou no salão e colocou suas confecções, túnica e manto nos cabides, devidamente organizados e identificados com nomes, permanecendo um cabide vazio. Após finalizarem a tarefa, as costureiras e carpinteiros desocuparam a área, deixando um amplo espaço com uma mesa grande, cadeiras ao centro e vestimentas ao redor. A cena era sóbria, mas carregada de significado, lembrando uma estrutura medieval. Já estávamos avançados na tarde do décimo terceiro dia e tudo estava concluído.

A noite se aproximava, guiado por uma orientação divina, Noah chamou Nikolai e juntos se dirigiram ao grande salão, trazendo consigo as três esferas metálicas que estavam sob seu cuidado. Ao chegarem à grande mesa, eles notaram três pontos visíveis na madeira. Nikolai colocou cada esfera em um dos pontos, sem dizer nada. Eles deixaram o local em seguida.

No caminho, encontraram o Capitão Marcus com seu imediato. Eles compartilharam que existia uma certa inquietação entre a tripulação e os passageiros, já que o navio estava navegando em baixa velocidade e acompanhado pelo navio de carga. Isso tinha gerado questionamentos entre todos a bordo, e sugeriram que um comunicado fosse feito para explicar a situação.

Marcus então recebeu a orientação de fazer um comunicado a todos a bordo. Ele informou que a operação em andamento era devido à necessidade de apoio ao navio de carga que estava enfrentando dificuldades. Além disso, prometeu que no dia seguinte todos receberiam detalhes do roteiro definitivo da viagem. Após essa explicação, a tripulação e os passageiros se acalmaram e o ambiente se tornou mais tranquilo.

Uma grande festa foi programada para acontecer no convés do navio. Várias bandas e ritmos estavam planejados, com muita comida e bebida. A observação foi feita de que tudo estava incluso no pacote da viagem. Conforme a noite caiu, o céu estrelado começou a apresentar sinais luminosos atípicos, e Noah acreditava que o que eles estavam esperando estava prestes a acontecer.

A festa começou com muita animação, sem que fossem passadas mais informações para evitar causar pânico desnecessário. Noah, Sofia e Nikolai se recolheram, mas com uma apreensão palpável. A festa continuou até as 4 horas da manhã, quando a maioria das pessoas se recolheu. Apenas alguns que exageraram na bebida permaneceram deitados em bancos e cadeiras pelo convés. Um silêncio assustador então tomou conta do navio.

Capítulo 8 - Conselho da Luz

Ao amanhecer do décimo quarto dia de viagem, uma movimentação estranha começou a ocorrer. Pessoas se aproximaram da porta do grande salão de convenções e a abriram. Entre elas estava Noah. Já passava das 6 da manhã. Um grupo de 12 pessoas entrou no salão e, de forma quase automática, dirigiu-se aos cabides onde as túnicas e mantos haviam sido pendurados. Com nomes gravados nas vestimentas, ficaram surpresos.

Em movimentos que pareciam ensaiados, caminharam em direção a cada cadeira na mesa e se sentaram, como se estivessem esperando por algo. Seus olhares se cruzaram, carregados de confusão e surpresa, enquanto tentavam entender o que estava acontecendo. Todos eles lembravam que foram convocados pelo Criador e que isso os fazia sentir parte de algo maior. Estavam atônitos por seus nomes já estarem gravados nas vestimentas. Assim, permaneceram em profundo silêncio, aguardando, sem entender completamente a situação.

Enquanto isso, as três esferas metálicas começaram a emitir uma luz fraca que gradualmente se intensificou, cada uma emitindo uma cor distinta. À medida que a luz refletia na mesa, ela tomava uma coloração que lembrava rubi, safira e topázio, projetando uma imagem impressionante na madeira cuidadosamente tratada. A combinação de reflexos criou uma imagem deslumbrante e difícil de descrever

Noah sentiu como se estivesse sendo guiado por um impulso interno, uma voz suave que o encorajava a falar. Ele olhou ao redor da mesa, encontrando olhares curiosos e atentos voltados para ele. Com calma e confiança, ele se levantou de seu lugar e um silêncio reverente encheu a sala, refletindo o sentimento de presença divina que todos compartilhavam.

Saudações, queridos companheiros de jornada, começou Noah, sua voz clara e carregada de sinceridade. Antes de tudo, quero expressar minha profunda gratidão a cada um de vocês por estarem aqui. O que testemunhamos hoje vai além de um simples encontro de almas; é uma convocação divina que nos trouxe a esta mesa, em busca de uma verdade mais profunda. Os olhares de todos estavam fixos em Noah, como se suas palavras estivessem ecoando algo que eles também sentiam em seus corações. Ele continuou compartilhando de forma resumida a jornada que o levou até aquele momento, desde suas experiências no Alasca até as revelações espirituais que o inspiraram a seguir esse caminho.

Desde o começo da minha jornada, no vasto cenário do Alasca, tenho sido guiado por forças maiores do que eu. Cada passo, cada desafio e cada encontro pareciam fazer parte de um plano maior que transcende nossa compreensão humana.

Hoje, estamos reunidos aqui não por acaso, mas por um chamado que ressoou em nossos corações. Enquanto ele falava, as expressões dos presentes variavam de reconhecimento a admiração. Parecia que suas palavras ecoavam não apenas sua própria jornada, mas também as jornadas individuais das pessoas presentes. Esta jornada nos trouxe de diferentes partes do mundo, de diferentes caminhos de vida. Estamos aqui unidos por um propósito que vai além de todas as barreiras terrenas. Esta mesa redonda, que se assemelha à Távola Redonda das lendas, não tem uma cabeceira distinta. Isso nos lembra de nossa busca pela verdade, justiça e sabedoria.

Noah sorriu, um sorriso que carregava um profundo sentimento de conexão. Deus nos convocou aqui, como peças de um quebra-cabeça divino. Cada um de nós tem uma contribuição única a fazer. Juntos, buscamos não apenas nossos próprios caminhos espirituais, mas também uma jornada coletiva em direção à iluminação.

Enquanto suas palavras se espalhavam pelo salão, uma sensação de unidade e propósito estava visivelmente presente. Era como se as histórias individuais se entrelaçassem, formando um tecido coletivo de compreensão e busca. Já sentado e orientado por Deus, ele falou aos demais.

Agora, neste momento, inicia-se a primeira reunião do Conselho da Luz. Fomos escolhidos como conselheiros. Seremos, a partir de agora, enquanto reunidos, Mestres Conselheiros do Conselho da Luz, seremos os MCs de Deus. Ele sorriu e continuou, nossos trabalhos e condutas estarão estritamente regidos pelo Código Eloim. Não se preocupem, ele estará instantaneamente descrito em suas mentes, não utilizaremos registros físicos escritos, tudo ficará registrado em mídias eletrônicas.

O Código Eloim é um conjunto de princípios éticos e espirituais que guia os Mestres Conselheiros em sua jornada de oferecer orientação e sabedoria às pessoas que buscam ajuda. Inspirados por sua conexão com o divino, os Mestres Conselheiros seguirão o Código Eloim para assegurar que suas ações e orientações estejam alinhadas com valores elevados e com a busca de uma compreensão mais profunda. Noah passou a detalhar os princípios do Código Eloim,

- Demonstrar compaixão e empatia por todas as almas que buscam orientação,

independentemente de suas diferenças ou histórias. Isso envolve acolher os indivíduos com um coração aberto, ouvindo suas preocupações e desafios com empatia genuína. Os Mestres Conselheiros entendem que todos têm uma jornada única e merecem ser tratados com compreensão e respeito.
- Buscar a verdade interna de cada indivíduo, guiando-os a descobrir sua própria sabedoria e discernimento. Os Mestres Conselheiros não impõem soluções, mas os orientam à aplicação da Lei, ajudando as pessoas a explorar seus próprios sentimentos e intuições.
- Fomentar o equilíbrio entre mente, corpo e espírito, incentivando um estado de concórdia interna. Reconhecendo a importância de uma vida equilibrada, os Mestres Conselheiros deverão encorajar práticas que cuidem de todos os aspectos do ser, incluindo saúde física, mental e espiritual. Eles incentivam a busca de harmonia entre esses elementos.
- Respeitar a liberdade de escolha e a jornada única de cada pessoa, sem impor julgamentos, desde que dentro da Lei. Os Mestres Conselheiros honram as escolhas individuais e reconhecem que cada pessoa está em um

estágio diferente de sua jornada. Eles oferecem orientações sem impor seus próprios valores, permitindo que os indivíduos sigam seu próprio caminho.

- Ser honesto consigo mesmo e com os outros, cultivando uma comunicação aberta e sincera. A honestidade é fundamental na relação entre o Mestre Conselheiro e aqueles que buscam orientação. Eles compartilham insights de maneira franca e aberta, estando dispostos a falar a verdade, mesmo que seja desconfortável.

- Implementar o insight e a ligação espiritual para orientar as direções, confiando na inspiração divina. Os Mestres Conselheiros devem confiar na intuição e na conexão espiritual para oferecer insights mais profundos. Eles buscam inspiração divina ao oferecer orientações, sabendo que essa conexão traz uma compreensão mais profunda das situações.

- Incentivar a autodescoberta e o crescimento pessoal, levando os indivíduos a explorar seu potencial. Os Mestres Conselheiros não apenas fornecem respostas, mas incentivam as pessoas a explorar e descobrir por si mesmas. Eles capacitam os indivíduos a desenvolverem um senso de autodomínio e autodescoberta.

- Compartilhar conhecimento, sabedoria e apoio de maneira generosa e desinteressada. Os Mestres Conselheiros compartilham generosamente seus insights e conhecimentos, oferecendo apoio. Eles não buscam recompensas pessoais, mas sim a evolução espiritual e pessoal daqueles a quem orientam.
- Buscar constantemente uma conexão mais profunda com o divino, aprimorando a própria sabedoria. Os Mestres Conselheiros entendem que sua própria jornada espiritual é contínua. Eles buscam constantemente aprofundar sua conexão com o divino e aprimorar sua compreensão, para poderem oferecer orientações mais ricas e significativas.
- Fomentar a paz interior e a unidade entre todas as almas, reconhecendo nossa conexão espiritual com o cosmos. Os Mestres Conselheiros buscam a paz interior e incentivam a busca pela unidade, reconhecendo que cada um está interligado espiritualmente. Eles buscam promover a harmonia em todas as interações.

Noah concluiu suas palavras com um olhar de gratidão por aqueles que o rodeavam. A sala permaneceu em um silêncio respeitoso por um momento, antes de uma sensação de inspiração e determinação encher o ar. Cada indivíduo sabia que essa reunião tinha um significado profundo e que estavam prestes a embarcar em uma jornada espiritual como nenhuma outra.

Agora, observava-se que um conselheiro se mostrava inquieto. Noah perguntou se havia dúvidas ou questionamentos possíveis de serem sanados. Então, um pouco cético, o conselheiro exclamou, É certo que a convocação para esta reunião, quando alguém me falava em sonho, chegar e receber nossas roupas com nossos nomes, tudo o que disse é muito real, mas por que não podemos ver Deus, falar com Ele? Isso só aconteceu com você?

Eu entendo sua dúvida, meu amigo. É natural que você se pergunte como é possível ver a Deus, se Ele é um Espírito invisível. Mas eu lhe asseguro que todos podem ter uma comunicação com o divino. Muitos dos que estão aqui nesta mesa também tiveram experiências espirituais que os levaram a buscar a Deus.

Os livros sagrados nos ensinam que o Criador se revela de diversas formas, que podemos ver o Divino com os olhos do coração, por meio da fé. Veja alguns exemplos de como podemos ver Deus agora.

Podemos ver Deus por meio da sua criação, que reflete suas qualidades de amor, sabedoria e poder. A Bíblia diz que as suas qualidades invisíveis são claramente vistas desde a criação do mundo em diante, porque são percebidas por meio das coisas feitas (Romanos 1,20).

Podemos ver Deus por meio da sua Palavra, a Bíblia, que nos revela sua vontade e seus propósitos. A Bíblia diz que toda a Escritura é inspirada por Deus e proveitosa para ensinar, para repreender, para endireitar as coisas, para disciplinar em justiça (2 Timóteo 3,16).

Podemos ver o Divino através de Jesus Cristo, que foi o reflexo perfeito do Criador. A Bíblia diz que ninguém jamais viu Deus; o Filho unigênito, que está na posição mais íntima junto ao Pai, é quem o tem explicado (João 1,18).

Portanto, não precisamos ver Deus com nossos olhos físicos para conhecê-lo e amá-lo. Podemos ver Deus com nossos olhos espirituais, por meio da fé e da obediência. A Bíblia diz que sem fé é impossível agradar a Deus, pois quem se aproxima de Deus tem de crer que ele existe e que se torna o recompensador dos que seriamente o buscam (Hebreus 11,6).

Agora, uma grande luz se manifestou ao redor dos conselheiros, e pôde-se ouvir uma gargalhada contida, com as palavras Tomé sendo Tomé. Cá estou, Tomé! disse ele ao se apresentar com uma aparência que facilitaria sua identificação rapidamente. Visto que, por trabalhos artísticos, esta aparência ficou muito marcada.

Ele se apresentava como um homem de cabelos longos e barba, vestindo roupas tradicionais do ano zero, túnica branca e manto vermelho, o que imediatamente o ligava à imagem mais conhecida de Jesus Cristo. Ele caminhava ao redor da mesa, tocando a cabeça de cada conselheiro, e disse,

Eu já estive entre vocês fisicamente muitas vezes e em vários tempos, vivi fases da vida humana. Embora conhecesse todos desde a concepção, fiz estas jornadas para procurar entender melhor o ser humano e compartilhar o amor e a verdade. Andei pelas estradas empoeiradas, compartilhei refeições com pescadores e coletores de impostos, curei os doentes e consolei os aflitos. Cada passo que dei foi uma expressão do meu amor incondicional por todos vocês.

Ao experimentar a vida como um ser humano, senti alegrias profundas e conheci as tristezas e dores que vocês enfrentam. Passei por momentos de solidão no deserto, onde encontrei clareza espiritual, e vivi a amizade e o apoio dos meus discípulos mais próximos. Vi o melhor e o pior da humanidade e testemunhei as lutas internas que muitos enfrentam. Caminhei na Terra não apenas para ministrar, mas também para mostrar o caminho da compreensão e do amor. Enfrentei tentações, experimentei fome e cansaço, mas nunca me desviei do meu propósito de trazer esperança e reconciliação.

Fui batizado nas águas e compartilhei lições através de parábolas, usando exemplos do cotidiano, para transmitir verdades eternas. Minha jornada culminou com a morte do corpo físico, resultado da incompreensão humana em sacrifício na cruz. Foi um ato de amor supremo, um gesto que visava redimir a humanidade e oferecer a todos a possibilidade de renovação espiritual. Ao ressuscitar, manifestei o poder da vida eterna e a vitória sobre a morte.

Minha presença entre vocês fisicamente pode ter terminado, mas meu Espírito permanece vivo e atuante em cada coração que me acolhe. Compreendam, meus amados, que a busca pelo entendimento humano é também uma busca pela conexão com o divino. Cada passo que vocês dão em direção à compreensão mútua e ao amor é um reflexo do plano de Deus para a humanidade. Continuem a aprender uns com os outros, a estender as mãos para ajudar e a compartilhar a luz da verdade que eu trouxe.

Lembrem-se sempre de que, mesmo quando não me veem fisicamente, estou com vocês, guiando, apoiando e amando. Vocês são todos filhos do Pai Celestial e juntos, como uma família espiritual, podem transcender desafios e crescer em amor e sabedoria. Que a jornada da compreensão humana seja uma busca constante pela luz divina que habita em cada um de vocês.

Um novo tempo está a caminho, trazendo grandes desafios para todos. As novas leis, que são os dez mandamentos conhecidos, virão com códigos para uma melhor interpretação. Hoje, vocês têm certa familiaridade com a tecnologia. Com base em seus conhecimentos e na estrutura desenvolvida, tudo será recebido eletronicamente, produzido por pessoas selecionadas para esse propósito. Todas as crenças e religiões serão substituídas pelo novo livro. Ele sintetiza os ensinamentos de cada uma das religiões, formando uma única fé. Embora eu deixe minha forma física, estou sempre presente. Tomé, espero que acredite. Paz a todos.

Assim, foi transformando-se novamente em luz, reduzindo seu tamanho e aglutinando-se às luzes das esferas sobre a mesa. Todos se levantaram, foram aos seus cabides e depositaram suas vestimentas.

O capitão Marcus Vinicius convocou a tripulação e os passageiros. Ele apresentou um importante comunicado das Nações Unidas transmitido em todas as mídias da terra.

Capítulo 9 – Rumores da Catástrofe

No convés do SS Aurora, uma atmosfera de excitação e preocupação começou a se espalhar entre os passageiros e a tripulação. Boatos de um desastre iminente se propagavam como chamas em uma floresta ressequida. Grupos de pessoas se reuniam em pequenas conversas ansiosas, trocando olhares preocupados e sussurrando vozes, misturando-se ao som das ondas batendo suavemente contra o casco do navio.

À medida que o rumor se alastrava, a notícia ganhava detalhes cada vez mais alarmantes. Alguém mencionava ter ouvido falar de cientistas que previam a colisão de um cometa com a Terra. Outros mencionavam teorias apocalípticas e citações vagas de profecias antigas. A incerteza e o medo eram palpáveis no ar, substituindo a atmosfera de celebração que antes reinava a bordo.

Passageiros e tripulantes buscavam informações uns com os outros, compartilhando histórias que haviam ouvido e tentando decifrar a verdade por trás dos rumores. Olhares nervosos se cruzavam, e muitos se perguntavam se deveriam acreditar nas histórias que estavam sendo contadas. Enquanto isso, grupos se formavam ao redor de telas de dispositivos móveis, buscando freneticamente notícias e atualizações online. Alguns compartilhavam links de artigos sensacionalistas, enquanto outros tentavam entrar em contato com familiares e amigos fora do navio. As redes sociais fervilhavam com especulações e teorias de conspiração.

No meio do crescente caos, algumas vozes mais ponderadas tentavam acalmar os ânimos. Líderes espirituais, cientistas amadores e pessoas mais experientes ofereciam perspectivas racionais e tranquilizadoras. Destacavam a necessidade de obter informações de fontes confiáveis e que, enquanto a dúvida persistisse, a única ação que todos podiam tomar era permanecer juntos e oferecer apoio mútuo.

Enquanto o rumor da catástrofe continuava a se espalhar, a cena no convés do SS Aurora era uma mistura complexa de emoções, medo, esperança, confusão e solidariedade. Enquanto o pôr do sol tingia o horizonte de tons alaranjados, a incerteza do futuro pairava sobre todos, e as conversas sobre o cometa e seu impacto potencial ecoavam ao longo do navio. De repente, todos os sistemas de comunicação foram interrompidos e começou uma transmissão da ONU.

Capítulo 10 – Pronunciamento da ONU

Fátima Stavros, 64 anos, de origem grega, Secretária-Geral da ONU, iniciou seu discurso dirigindo-se à população do planeta.

Cidadãos do mundo, boa tarde. Dirijo-me a vocês hoje em um momento de importância crítica. É com seriedade e responsabilidade que trago informações sobre uma situação que tem capturado a atenção de todos nós.

Como muitos de vocês devem estar cientes, estamos enfrentando um desafio extraordinário, um grande cometa está se dirigindo em direção à Terra. Quero enfatizar que a situação está sendo investigada por especialistas e cientistas de todo o mundo.

Permitam-me deixar claro que as Nações Unidas estão comprometidas em fornecer informações claras e precisas à medida que elas se tornam disponíveis.

Entendemos que as preocupações e incertezas estão se espalhando, e é por isso que estamos aqui hoje. Estamos trabalhando em estreita colaboração com agências científicas internacionais para obter uma compreensão completa da situação.

Quero compartilhar com vocês que todas as alternativas foram consideradas e tentadas para desviar o cometa de sua trajetória em direção à Terra. Inúmeras equipes de cientistas e engenheiros de todo o mundo trabalharam incansavelmente para encontrar soluções viáveis.

Países com estoque de ogivas nucleares fizeram tentativas desesperadas, o que, só agravou um problema já muito grave. Alternativas tiradas de ficção científica foram tentadas. Apesar dos esforços hercúleos, essas tentativas não tiveram o êxito esperado. Atualmente, estamos em trajetória de impacto com 22 segmentos significativos do cometa, e a entrada na atmosfera não será suficiente para desintegrá-los. Os choques ocorrerão em várias partes do globo, considerando a velocidade e a direção de cada fragmento.

Foram considerados métodos que envolviam a alteração da velocidade e da trajetória do cometa, bem como a utilização de tecnologias avançadas para afastá-lo. Infelizmente, as características únicas desse cometa e sua trajetória inevitável tornaram as opções de desvio muito desafiadoras.

Entendemos que essa notícia pode ser devastadora e desencadear preocupações em todos nós. Quero enfatizar que estamos concentrando todos os nossos esforços em mitigar os impactos e encontrar maneiras de lidar com essa situação da melhor maneira possível.

À medida que enfrentamos essa realidade desconcertante, é essencial mantermos a calma, a solidariedade e a cooperação. Estamos todos juntos nisso, e nossa capacidade de responder de maneira eficaz é um reflexo de nossa humanidade compartilhada. À medida que obtivermos informações mais claras e confiáveis, nós as compartilharemos abertamente com o mundo.

Enquanto a Secretária-Geral da ONU pronunciava suas palavras, a transmissão ao vivo continuava a alcançar milhões de pessoas em todo o mundo. A cena retratava uma liderança global comprometida em compartilhar a verdade e em fornecer orientação, à medida que a humanidade se preparava para enfrentar um evento sem precedentes.

O cometa que se aproxima da Terra é um fenômeno astronômico excepcional devido à sua órbita irregular, o que dificultou sua detecção anterior. Com o nome provisório de Belém, o cometa foi observado por telescópios espaciais e terrestres, estando próximo ao nosso sistema solar.

Sua órbita elíptica incomum é uma das principais razões pelas quais ele passou despercebido por tanto tempo. A maioria dos cometas segue trajetórias previsíveis e periódicas ao redor do Sol, mas o Belém apresenta uma trajetória excêntrica e inclinada em relação ao plano do sistema solar. Isso significa que ele pode viajar a distâncias muito distantes do Sol e depois se aproximar rapidamente, o que tornou sua detecção mais desafiadora.

Ao se aproximar do Sol, a radiação solar aquece o núcleo do cometa. Isso faz o gelo sublimar, liberando gases e poeira. Assim, cria-se a coma característica, uma espécie de atmosfera, e a cauda observadas nos cometas mais próximos do Sol.

Quando os fragmentos do Cometa Belém atingirem a Terra, haverá uma série de impactos devastadores em várias regiões. Cidades inteiras serão destruídas instantaneamente, causando uma perda inestimável de vidas humanas. A colisão provocará uma série de mega tsunamis que varrerão as áreas costeiras em todo o mundo, serão de proporções catastróficas, inundando vastas áreas e causando uma devastação ainda maior. A intensa energia liberada pelo impacto resultará em incêndios florestais em grande escala.

Além disso, a liberação de gases e partículas na atmosfera criará uma camada tóxica que ameaçará a qualidade do ar e a saúde das pessoas em todo o planeta. Poeira e detritos lançados na atmosfera bloquearão a luz solar, causando um inverno nuclear, que resultará em temperaturas muito baixas em todo o mundo. Plantações serão destruídas. O aumento da temperatura oceânica e a perturbação dos ecossistemas marinhos podem levar à extinção de diversas espécies do mar, impactando fortemente a cadeia alimentar global. A colisão do Cometa Belém forçará milhões de pessoas a se tornarem refugiadas e deslocadas, buscando abrigo e segurança em outras partes do mundo.

O agora crítico, nos leva a pedir a todos os líderes das nações que tomem medidas extraordinárias em nome da humanidade e da sobrevivência de nossa espécie. Apelamos a todos os governos do mundo, em face da iminente catástrofe, que liberem todos os presídios, e que todas as penas sejam perdoadas.

É hora de demonstrarmos compaixão e solidariedade. Aqueles que cometeram erros devem ser concedidos uma chance de redimir-se, e todos merecem passar seus últimos momentos com suas famílias e entes queridos.

Ademais, apelamos a cada um dos credores e devedores, perdoem qualquer dívida; é momento de ilibar. Em tempos de crise, as preocupações financeiras precisam dar lugar à empatia e à união. Devemos permitir que as pessoas se concentrem em questões mais importantes, como suas famílias e sua própria sobrevivência.

Todas as patentes estão quebradas. Este é um momento em que as diferenças devem ser deixadas de lado, quando nossos interesses individuais devem ser subjugados em prol do bem comum. Não importa quem somos, de onde viemos ou a que nação pertencemos. Somos todos habitantes do mesmo planeta, e enfrentamos juntos uma ameaça que não pode ser subestimada.

Todos os satélites com capacidade para armazenar dados, assim como as estações espaciais, foram abastecidos com as informações consideradas secretas, por interesse comercial, como fórmulas de remédios e novas fontes de energia. Estes dados ficarão criptografados por 30 dias, e, não surgindo alterações, serão liberados a todos os sobreviventes para consultas, entendendo-se assim que a catástrofe foi muito acentuada, e estes interesses deixam de ter razão para existirem.

Grupos de juristas e líderes de pensamento, motivados pela necessidade de estabelecer um alicerce robusto para a reconstrução, reuniram-se para criar uma Constituição para o planeta. O que emergiu desse esforço colaborativo foi a Constituição dos Dez Princípios. Essa constituição, baseada nos princípios dos Dez Mandamentos, não apenas estabelece leis e normas legais, mas também enfatiza valores fundamentais de justiça, igualdade e compaixão.

Essa nova constituição não é apenas um documento jurídico, mas um pacto espiritual entre as pessoas e suas nações. Ela servirá como um farol de esperança, uma bússola moral que orientará a reconstrução de sociedades destroçadas. Os líderes reconheceram que, para criar um futuro mais harmonioso, era preciso abraçar os princípios de cuidado mútuo e responsabilidade compartilhada.

Em meio à necessidade de unidade e compreensão, líderes religiosos de todos os segmentos se reuniram em um encontro virtual histórico. Eles compartilharam suas crenças e estudaram os textos sagrados de diversas tradições. A partir dessa colaboração inédita, surgiu uma nova obra sagrada, a Bíblia da Unidade. Esta compilação incorporou os ensinamentos e parábolas de todas as principais religiões do mundo, unificando-as em uma narrativa que promove a paz, a compreensão e a coexistência pacífica.

A Bíblia da Unidade se tornará uma fonte de inspiração. Ela destaca os princípios universais de amor ao próximo, compaixão e respeito por todas as formas de vida. Religiosos de todas as tradições voltaram-se para esses ensinamentos compartilhados, buscando uma compreensão mais profunda e um caminho comum em direção à harmonia espiritual.

Agora peço que todos nós, como representantes das nações do mundo, unamos nossos esforços para enfrentar o que está por vir. O Cometa Belém é uma lembrança humilhante de nossa vulnerabilidade no vasto cosmos.

Vamos enfrentar esse desafio com dignidade, compaixão e unidade. Vamos nos apoiar mutuamente em nossos momentos de necessidade.

Que a unidade seja nosso guia, a compaixão nossa força e a esperança nossa estrela-guia. Unidos, enfrentaremos o desconhecido com coragem, construiremos um amanhã mais brilhante e continuaremos a escrever a história com determinação e amor. Que a paz, a harmonia e a solidariedade reinem sobre a Terra.

Obrigado a todos e que a jornada da humanidade seja abençoada.

O canal de notícias sintonizado na CNN Internacional, que ainda se encontrava em transmissão contínua, mostrava relatos e informações com especialistas. No SS Aurora, após alguns minutos, as transmissões e todos os sistemas ficaram mudos; o silêncio no convés era ensurdecedor. Todos se entreolhavam, e em minutos houve uma busca frenética pelos smartphones. Contudo, a comunicação via internet, cujo sinal era fornecido por satélites, estava interrompida, havendo apenas comunicação local dos servidores internos, com programação gerada pelo SS Aurora.

No horizonte, avistou-se a silhueta de um grande navio de guerra, chamando a atenção de todos, quando o Capitão Marcus Vinicius abriu comunicação com todos os passageiros e tripulantes. Comunicou que, após averiguações, tratava-se de um navio da marinha francesa, que se encontrava em deslocamento para a proteção da costa da Guiana. Informou também que a abordagem daquela embarcação se deu pela baixa velocidade em que o SS Aurora navegava, chamando a atenção; esta foi a razão pela qual realizaram uma manobra de aproximação.

Por orientação da Marinha da França, o navio deveria fazer uma manobra de emergência, buscando alternativas para minimizar os efeitos do choque do cometa. O Capitaine de Vaisseau Antoine solicitou permissão para atracar ao SS Aurora, como parte das manobras de emergência. Agora, ambos parados, lançaram âncoras ao fundo; mesmo procedimento foi feito com o navio de cargas MV Atlantic, sob o comando do capitão Cezar, formando uma plataforma no mar, e conexões entre eles foram colocadas, facilitando o trânsito de pessoas em emergência.

O navio da Marinha Francesa é um navio da classe Mistral com 12 helicópteros Tiger, 4 lanchas de desembarque, 40 ambulâncias e 450 soldados. Além disso, está equipado com um hospital com 69 leitos e encontra-se abastecido com remédios e alimentos. Curiosamente, navios pesqueiros começaram a se aproximar e solicitaram autorização para atracar. Observa-se que 6 navios pequenos, de pescadores, já estão atracados ao SS Aurora, mas no horizonte, avistam-se mais algumas dezenas.

Capítulo 11 - Projeto Tomorrow

Há mais de 3 anos, rumores e teorias sobre a localização de um cometa surgiram. Conforme as projeções, o núcleo do astro tem cerca de 150 quilômetros, representando a maior previsão de tamanho para um corpo celeste do tipo.

Apesar de seu tamanho, permaneceu indetectado até então, principalmente por ser rochoso, pela falta de instrumentos adequados para sua detecção e pela interferência da luz solar, além de sua órbita ser elíptica.

Um grupo de astrônomos acreditava que o cometa se aproximaria da Terra, seguindo uma trajetória notavelmente semelhante àquela que, segundo antigas teorias, teria sido a estrela de Belém. O cometa foi batizado de Belém e sua aparição durante o mês de dezembro, em pleno período natalino, chamou a atenção global.

A aparição do cometa gerou reações divergentes. Para alguns, era um sinal divino de esperança e paz, em meio a tempos tumultuosos. Para outros, porém, isso significava uma advertência apocalíptica. Grupos religiosos se prepararam para o que acreditavam ser o juízo final, enquanto outros buscavam aproveitar ao máximo os últimos dias na Terra.

Enquanto o mundo se dividia entre interpretações, os cientistas focavam em decifrar os mistérios do cometa. Suas características peculiares, uma longa e brilhante cauda, órbita irregular e composição química desconhecida geravam teorias intrigantes.

Grandes fortunas e governos se uniram em torno de um projeto ultrassecreto, chamado Projeto Tomorrow, utilizando-se de uma base na divisa de Brasil e Venezuela, em plena Selva Amazônica, na terra indígena Yanomami, região habitada por grupos de povos originários.

Setecentos cientistas e operadores foram contratados do mundo todo, especializados em várias áreas, com contratos rigorosos de sigilo. O projeto passou a ser desenvolvido, produzido e construído em um imenso galpão circular, que, visto de cima, apesar do tamanho, confundia-se com o verde da vegetação. A segurança era garantida por forças militares de diversas nacionalidades, como SAS britânicos, Special Forces indianos, Spetsnaz russos, United States Navy SEALs americanos, a Brigada de Infantaria de Selva do Exército Brasileiro, com pelotões formados por indígenas, e um batalhão Caracal do exército de Israel, composto por mais de 800 mulheres militares, configurando um total de 2.800 pessoas distribuídas pela base, com toda a infraestrutura para a segurança do empreendimento.

O projeto experimental começou com tecnologias emergentes, objeto de estudo confidencial por grupos de cientistas ao redor do mundo. Convocados, uniram seus conhecimentos em um único projeto para desenvolver um sistema denominado REQI — Reator de Força Quântica Infinita. Este sistema utiliza a energia disponível na vastidão aparentemente vazia do espaço, abrigando um dispositivo especial que coleta essa força invisível nesse vazio, onde não somos capazes de vê-la.

É como capturar a potência que está constantemente ao nosso redor. Após a coleta, essa força é convertida em eletricidade, usada para alimentar a embarcação espacial e todas as suas estruturas. A energia elétrica produzida é armazenada em baterias sofisticadas, capazes de recarga contínua, que não dissipam potência ao longo do tempo. Isso resulta em utilização de potência indefinidamente.

Esse fornecimento de energia pode ser empregado para todas as necessidades da aeronave, como iluminação, propulsão (inclusive para voo na atmosfera terrestre) e mecanismos de suporte. É similar à eletricidade usada em nossas casas, porém mais potente e não requer combustíveis convencionais. Ele capta a força que está constantemente ao nosso alcance. Associado ao sistema antigravidade que permite a decolagem e aterrissagem silenciosa da espaçonave, sem a necessidade de foguetes ruidosos.

É criado um campo antigravidade ao redor da aeronave quando necessário. Este campo consegue neutralizar a gravidade terrestre e permite que a espaçonave flutue, movendo-se suavemente para cima e para baixo, para a frente e para trás, e em qualquer direção desejada, não apenas possibilitando decolagens e aterrissagens silenciosas, mas também criando uma gravidade artificial controlada dentro da embarcação espacial, semelhante à terrestre, proporcionando um ambiente confortável para os tripulantes, permitindo que se movam, trabalhem e vivam a bordo da aeronave como se estivessem na Terra. Isso é crucial para manter a saúde e o bem-estar dos tripulantes durante missões espaciais prolongadas.

O Capitão Nathan Zhang, de 45 anos e origem chinesa, é altamente qualificado e possui uma formação acadêmica robusta, adquirida na Universidade de Pequim (Bacharelado em Engenharia Aeroespacial), Instituto de Tecnologia de Massachusetts (MIT) (Mestrado em Astronáutica e Engenharia Aeroespacial) e na Escola de Treinamento de Astronautas da NASA (Formação como Astronauta). Antes de assumir o comando do projeto, serviu como astronauta da CNSA, onde participou de diversas missões espaciais e se destacou por sua habilidade técnica e liderança. Ele demonstrou excelência em operações em órbita, manobras espaciais e experimentos científicos.

Compartilha um relacionamento significativo com a subcomandante da nave, a astronauta Mei Ling, que desempenha um papel importante na missão e encontra-se alinhada com o desenvolvimento do projeto.

Com a aproximação confirmada do cometa, todos os processos foram apressados, visto que a maioria dos componentes e estruturas fora construída em laboratórios em todo o mundo. Enviadas para a base, as peças foram finalizadas com o uso de sistemas robotizados. O trânsito de aeronaves tornou-se frenético, de tal forma que, a dois dias da colisão prevista, a nave estava pronta, ao nível de estruturas e sistemas para testes iniciais.

Com o tempo se esgotando e aguardando a chegada dos que estavam previstos para o embarque, o Capitão recebeu a informação de que eles desistiram por considerar os riscos, já que se tratava de uma nave experimental ainda sem testes de segurança. Preferiram se refugiar em abrigos também construídos como alternativas, liberando o capitão para convocar voluntários entre os funcionários. Esses abrigos foram construídos em regiões dos chamados escudos antigos, áreas consideradas mais estáveis e não sujeitas a atividade tectônica significativa.

Um total de 12 refúgios foi construído e finalizado em áreas como o Baluarte Canadense na América do Norte, o Proteção do Báltico na

Europa, a Salvaguarda da Sibéria, o interior da Austrália Ocidental, o Deserto do Saara na África e a Mongólia na Ásia, além de outros em locais mantidos em segredo.

Com essa informação, Nathan convocou todos os colaboradores e rapidamente relatou a situação, expondo os riscos à frente da entrada principal da nave. Ele destacou a necessidade de operadores e abriu a possibilidade de apresentação de voluntários. Após alguns minutos, 180 pessoas se apresentaram. Entre estas, estavam os comprometidos com a condução da nave. Embora tivesse capacidade para 230 pessoas, não foram feitas tentativas de persuadir outros para completar o número projetado. Resolvido isso, iniciou-se o transporte dos depósitos até os últimos itens previstos.

Os demais se comprometeram a permanecer em terra operando os sistemas da base para que a decolagem ocorresse da forma mais organizada possível. Com o início dos procedimentos de decolagem, o sistema de detecção lidar apontou a aproximação de 4 helicópteros Sikorsky CH-53K King Stallion, solicitando autorização para pouso. Depois de verificados seus objetivos, foram autorizados a pousar, com orientação para que o fizessem no hangar lateral da nave.

Quando uma grande eclusa começou sua abertura e concluída, eles foram autorizados a pousar dentro da nave, sobre o grande barracão que a abrigava, agora com seu teto totalmente aberto para a decolagem. Recebidos por Nathan, eles disseram que, por segurança e sigilo dos processos, comunicados anteriores não foram feitos, e podem verificar junto as suas hierarquias.

O grupo saiu de Cabo Canaveral, na Flórida, com destino a Manaus, no Amazonas, Brasil, utilizando-se de um Boeing C-40 Clipper da Força Aérea Americana. Pousando em Manaus, os helicópteros iniciaram viajem até a base. O grupo possui uma configuração especializada, composta por 60 pessoas treinadas e especialistas em várias áreas, tais como astronautas/pilotos, engenheiros médicos e especialistas em comunicações. Todos têm formação na área espacial e desempenharão papéis críticos para garantir a segurança e o sucesso da missão.

Nathan, agora muito mais confiante, retomou o processo de decolagem, já com os especialistas em suas funções e agregando equipamentos que vieram para completar as necessidades operacionais, bem como todo material destinado aos términos da parte da infraestrutura interna que estava por acabar, o que deveria ser completado em períodos após a decolagem. Mesmo sabendo que agora o contingente ultrapassava o inicialmente projetado, eles se empenhariam para acomodar a todos.

Com todo o teto da estrutura aberto, uma densa neblina envolveu o céu e as árvores. Todos estavam ansiosos, considerando que testes de decolagem não haviam sido feitos, apenas testes de resistência de estruturas. A gigante começou a levitar. Em formato circular, chamada de Spheres, tem um design futurista e elegante.

Seu casco externo, conhecido como Carapaça Nebular, é construído com uma liga avançada de titânio reforçada com nano fibras de carbono. Essa combinação de materiais oferece uma excepcional resistência à pressão, a temperaturas extremas e a impactos de micro detritos. A superfície da Carapaça Nebular é revestida com uma camada de nano compósitos cerâmicos que protege contra a radiação cósmica e minimiza o acúmulo de detritos espaciais. Na parte externa do casco, há uma série de anéis concêntricos que formam o design distintivo.

Os Anéis Gravitacionais não apenas proporcionam antigravidade, mas também servem como sistemas de propulsão avançados, impulsionando a nave silenciosamente e com eficiência. Esses anéis gravitacionais, que rodeiam a nave, são construídos a partir de ligas de metais supercondutores capazes de gerar campos antigravitacionais poderosos. Dentro dos compartimentos dos Anéis Gravitacionais, os micros propulsores são feitos de núcleos de tungstênio encapsulados em casulos de carbono reforçado.

A nave incorpora redundâncias (camadas adicionais de proteção) e isolamento eficazes em todos os sistemas para garantir a segurança da tripulação. Os materiais foram escolhidos com base em suas propriedades resistentes a altas temperaturas, radiação e impactos, minimizando riscos potenciais.

No coração da espaçonave, o Sistema Antigravidade Silencioso Integrado (SAGSI) foi acionado. Um campo antigravitacional emergiu em torno da embarcação, suspendendo-a na atmosfera com um toque delicado. A percepção de gravidade sintética controlada era um conforto para os tripulantes, mantendo todos com os pés firmes, mesmo durante as operações mais intrincadas. A cosmonauta Mei Ling, vice comandante da nave, monitorava os painéis de proteção, certificando-se de que todas as camadas estivessem ativas e em pleno funcionamento. Enquanto a embarcação Spheres ascendia em direção ao espaço, o Capitão trocava olhares profundos com Mei. Juntos, partilhavam a responsabilidade de conduzir a equipe nesta viagem espacial.

As mãos habilidosas dos operadores voaram sobre os controles, iniciando as sequências complexas que permitiriam que a nave Spheres deixasse a atmosfera terrestre. As telas piscaram com dados e informações enquanto os sistemas eram ativados.

As luzes da ponte de comando dançaram à medida que a nave começou a se elevar de forma suave acima da superfície terrestre. O silêncio reinou naquele momento, graças ao SAGSI, que garantia uma decolagem silenciosa, sem o estrondo dos motores convencionais. Através das janelas, o Capitão vislumbrou o verde da floresta, e camada densas de nuvens.

A nave iria acoplar às estações espaciais já conectadas no espaço, sob o comando da grande nave chinesa. Isso deve acontecer em horas. Tianhe alterou sua órbita como uma manobra de evitação de detritos, prevenindo o possível impacto do cometa.

O comando da base, ficou a cargo de Helena Mercer, americana de 65 anos, com graduação em psicologia, mestrado em administração de empresas e doutorado em gestão de crises, com capacidade de lidar com situações sob pressão. Possui uma profunda compreensão da psicologia humana, permitindo-lhe motivar e liderar equipes em circunstâncias extremas.

A falta de formação militar formal é superada por sua confiança na equipe, aprendendo rapidamente os aspectos técnicos necessários para a operação da base e aplicando seus conhecimentos em gestão de crises ao ambiente militar.

Enfrenta ceticismo e resistência de alguns membros da base devido à sua falta de experiência militar. Utiliza sua habilidade de comunicação para ganhar sua confiança, demonstrando liderança através de decisões acertadas e promovendo um ambiente de respeito mútuo e colaboração. Sua compreensão profunda da psicologia humana permite que ela se conecte com sua equipe em um nível pessoal, incentivando lealdade e esforço coletivo.

A liderança de Helena Mercer na base militar durante um período de crise redefine o conceito de liderança dentro do contexto militar, mostrando que habilidades de gestão de crises, comunicação e empatia são tão críticas quanto a experiência militar tradicional. Seu legado inspira uma nova abordagem na seleção e treinamento de líderes militares, valorizando a diversidade de habilidades e experiências. Sua designação para o comando se deu antes da decolagem da grande nave, por orientação do alto comando das forças que compunham a base. Mesmo sem formação militar, acreditou-se que uma civil com habilidade de comando e formação para contornar crises seria mais eficaz, dada a diversidade de nacionalidades dos batalhões envolvidos.

Capítulo 11 – A Aproximação do Cometa

Um fragmento, ao entrar na atmosfera sobre Auckland, começou a aquecer e brilhar. Os habitantes da cidade ficaram maravilhados e aterrorizados com o espetáculo celestial, observando uma luz que se aproximava. A onda de choque derrubou edifícios, virou carros e lançou destroços a quilômetros de distância, destruindo a Osborn Forest, uma floresta urbana crítica em Tāmaki Makaurau, nome maori para Auckland, Nova Zelândia.

Imediatamente, como uma autoconvocação, os Mestres Conselheiros iniciaram uma reunião, seguindo o mesmo ritual, vestindo seus trajes e se aproximando da grande mesa. É interessante que, neste encontro, eles não ocupam os mesmos assentos do congresso anterior, mostrando que não há lugar fixo, e a cada conferência, cada MC deve ocupar cadeiras diferentes.

Todos acomodados, a refrigeração do ambiente estava muito agradável, mesmo sem nenhum sistema ter sido ativado. A iluminação era suave, porém diferente da usual. As três esferas iniciaram uma movimentação e emanaram tonalidades distintas de luz, uma era laranja, a outra amarela com detalhes brancos e a terceira era predominantemente branca. Elas se fixaram em formato de triângulo no alto, ao centro da grande mesa.

Uma voz calma começou a ser ouvida, dando as boas-vindas aos conselheiros, e explicações começaram a ser pronunciadas, falando sobre o que representavam as três esferas, Atria, Beta e Gamma, nomes dados pelos humanos às três estrelas mais brilhantes da constelação do Triângulo Austral.

Em seguida, a voz explicou que as informações não poderiam ser dadas com muita antecedência, razão pela qual esta reunião do conselho acontecia horas antes do tempo fatal. Regiões já estavam sendo destruídas por pedaços do cometa, que deram o nome de Belém.

Este nome não é coincidência. Há muitos séculos, em uma noite escura e silenciosa, um cometa brilhante cortou os céus, visto acima da antiga cidade de Belém. Seu rastro luminoso cortou o firmamento, diferente de qualquer outro já visto. Sua cauda resplandecente se estendia por toda a escuridão da noite, e sua luz era mais intensa do que a de qualquer estrela vista no céu.

A voz iniciou um comentário, que naquela oportunidade o objetivo era recomeçar, mas decidiu que mais uma chance deveria ser dada à humanidade. A colisão foi evitada, mas a órbita mantida para reavaliação no futuro.

Esta reunião levará tempo, e o choque se aproxima. Os relatos dos órgãos de informação estão com a previsão errada; tudo acontecerá neste hemisfério, às 12 horas do tempo cronológico de amanhã. Ao divulgar um horário posterior, tenta-se evitar pânico antecipado.

Estou parando o tempo. Tudo ficará estático à nossa volta e em todo o planeta até o final desta pegishta. Vou usar nomes e situações comuns à humanidade, assim a comunicação será mais fácil, sem necessidade de recursos adicionais. Não se preocupem, verão o que está por vir.

As esferas passaram a realizar movimentos sobre toda a sala, e um grande sistema de imagens começou a aparecer como se fossem hologramas. O áudio continuava dizendo que todo o projeto foi concebido há centenas de anos, adaptado considerando toda a evolução tecnológica desenvolvida pelos humanos.

Considerando que conseguem, de forma mais tecnológica, criar e armazenar informações, não sendo mais necessário o uso de pedras para registros.

Enquanto a voz falava, imagens de atrocidades com pessoas e animais eram mostradas, ocorridas em todo o mundo. Essas imagens podiam ser vistas de qualquer posição em que o conselheiro estivesse; em algumas situações, até podiam ser tocadas.

Agora, estão visualizando imagens desta civilização, em outras realidades e tempos recriados. Considerando o livre-arbítrio, permitiu-se que o ser humano se refizesse, prevenindo que tudo isso acontecesse.

As leis para dar padrão à nova sociedade já foram escritas. Legiões de anjos, como chamam, associados a humanos, já escreveram de forma atualizada, seguindo o padrão dos dez mandamentos, o Livro Sagrado das Leis. Esta será a nova constituição. Assim, ficará mais crível e aceitável, com formação de tribunais inclusive.

Toda a estrutura já está composta, e o sistema já possui esses arquivos.

Foi criado um livro sagrado, a bíblia da unidade Fé, onde está condensado o que há de mais sagrado nos livros, Alcorão, Avesta, Bhagavad Gita, Bíblia, Guru Granth Sahib, Kitáb-i-Aqdas, Livro de Mórmon, Livros Védicos, Tao Te Ching, Torá, Tripitaka. Assim, espera-se uma fé única em um único Deus. Nos livros acima, os textos foram convertidos para esta direção e devem ser difundidos, com as estruturas religiosas adaptadas. Vocês saberão como fazer. Confiem sempre em suas intuições, que não serão intuições, mas sim, orientação.

Capítulo 12 – O Novo Mundo

E a voz continua a falar, vejam, as três esferas serão, ao término desta reunião, levadas por Noah ao ponto mais alto deste navio, e elas farão o que está programado. Sobre essas embarcações aqui aglomeradas, até onde se pode ver no horizonte, será formada uma grande redoma de proteção, tudo dentro dela, acima e abaixo, como se estivesse em um domo. Animais do céu migraram para esta área, assim como animais marinhos.

Das duas esferas restantes, uma se direcionará para o espaço, onde se encontram as estruturas espaciais, incluindo alguns satélites de comunicação e localização. A outra esfera cobrirá uma área muito grande onde se encontra a base secreta utilizada para a construção da grande nave, e o grande complexo da pedreira. Nesta região, com todas as condições necessárias, a proteção se estenderá por mais de 200.000 quilômetros quadrados, medida usada por humanos. Nessa área, já possuem todo um sistema de modos de vida tradicionais e dependem da floresta para sua sobrevivência, incluindo a caça, a pesca e a agricultura de subsistência.

A população da base já inseriu algumas alternativas de alimentação, aproveitando-se do pelotão de soldados indígenas do exército brasileiro.

Para esta região, foram migrados animais terrestres e aquáticos. Há muita água doce nesta área, com o Grande Rio Orinoco e o Grande Rio Negro continuando a correr. Pessoas não selecionadas foram excluídas, tanto indígenas quanto populações locais que exploravam as possibilidades minerais de forma predatória. Mantida toda estrutura operacional, máquinas, equipamentos e mão de obra de uma grande extração de pedras e argila, necessárias ao propósito e necessidades nas construções futuras.

O presente que vivemos pode ter sido diferente, centenas de vezes, no entanto, conhecemos apenas este. Observem a teoria do avô, ou paradoxo do avô, um dos paradoxos mais famosos da teoria da relatividade. Esta última foi proposta por Albert Einstein no início do século XX no tempo do mundo antigo.

A teoria do avô começa com uma premissa simples, suponha que alguém pudesse viajar de volta no tempo e encontrar seu próprio avô, quando ele era jovem antes de ter filhos. O viajante do tempo, então, decide matar seu próprio avô antes de ele ter a chance de ter filhos, criando assim uma situação paradoxal. Se o viajante do tempo matar seu avô antes que ele tenha filhos, então o pai ou mãe do viajante do tempo nunca teria nascido. E se o pai ou mãe do viajante do tempo nunca tivesse nascido, o próprio viajante do tempo nunca teria nascido. No entanto, se o viajante do tempo nunca tivesse nascido, como ele teria viajado de volta no tempo para matar seu avô? Isso cria uma contradição aparente, pois a ação do viajante do tempo levaria a um resultado que impossibilitaria sua própria existência.

Estes sistemas aos quais estão tendo acesso ficarão a serviço do novo mundo. Preocupação foi dispensada para que toda a sua tecnologia fosse preservada. Após o procedimento das esferas, confortem suas famílias. Todo vínculo anterior será extinto, e tempo levará para cicatrizar tristezas, mas serão confortados.

Após o deslocamento das esferas, as três áreas serão transportadas no tempo. Vamos viajar para o futuro, um futuro que, para o tempo medido pelos humanos, será muito longo, até que o planeta se refaça e se recomponha, até que com segurança seja possível acomodar as áreas deslocadas como se lá estivessem sempre.

Este deslocamento no tempo, avançando milhares de anos, não será percebido. Embora necessário, o hiato causará um torpor, um estado de inatividade ou letargia, em todos os seres vivos dentro das esferas. Eles serão reanimados automaticamente ao final do processo.

Localizações por equipamentos eletrônicos poderão ser feitas, no entanto, a geografia estará toda alterada. O choque do meteoro trouxe muita água e metais novos. Terremotos mudaram as placas tectônicas e os polos do planeta foram alterados. Continentes conhecidos não existem mais.

Com atritos e deslocamentos das placas tectônicas, agora, grande parte das áreas anteriormente submersas emergiram, enquanto áreas secas foram tomadas pelos oceanos, o do norte Pacífico e o do sul Atlântico, sendo estas as nomeações atuais. Um grande continente surgiu ao centro, acima da linha que chamam de Equador, outro ao norte e outro ao sul.

Grupos de hominídeos serão encontrados, tipo como teorias que possuem sobre a pré-história que conhecem, e os descrevem como Homo erectus, estes com capacidade de fala e alguma organização social. Podem calcular quantos milhares de anos viajaremos, tempo necessário para esta recomposição. Esses indivíduos serão importantes na formação genética da nova raça humana e no auxílio a trabalhos com menos necessidade de interação. Toda sua introdução na nova vida será conduzida pelos povos isolados, coordenados pelo grupo de povos originários que se encontram no SS Aurora.

Parece que tudo está acontecendo novamente, a unificação desses grupos será um desafio. As calotas polares foram reconstituídas, porém, não com a mesma localização geológica antiga, tudo se alterou e terá que ser redesenhado. No lado oposto de onde estão, do espaço, poderão observar uma grande formação de terra. Com o tempo, poderão explorar, mas muito tem que ser feito onde estão. Durante milênios, as áreas em que as grandes esferas foram alocadas ficaram intocadas e preparadas para os receber, e assim concluímos esta etapa.

Um porto natural será encontrado, com profundidade de navegação e aporto. Antes, deverão se recompor e realinhar os canais de comunicação, com os satélites que voltarão a operar, e com a grande nave e as estações espaciais, que iniciarão sua preparação para desmonte.

Terão um planeta refeito, com ar respirável e de qualidade, que os surpreenderá. Cuidem, mantenham a fé, protejam este santuário, cresçam, mas não tenham tanta pressa de se multiplicarem. Vejam o que ele suporta. Paguem o dízimo, 10% de todos os ganhos, o único imposto a ser criado para beneficiar todos.

Os grupos que se refugiaram em grandes estruturas, estas hoje encontram-se submersas e de localização incerta. Doze abrigos eram conhecidos, mas o egoísmo e a capacidade financeira levaram a privilegiar os mais ricos, construindo 1280 abrigos. Eles levaram tudo que o dinheiro podia comprar. Essas estruturas não suportaram a pressão hidrostática das áreas profundas do mar. Alterações nos sistemas resultaram na destruição destes, marcando o fim dos poderosos individualistas.

144.000 seriam os escolhidos como mencionado no livro de Apocalipse. Não chegaremos a isso, mas os escolhidos representam a completude espiritual e desempenharão um papel específico neste contexto. Estarei sempre com vocês. Confiem em seus instintos.

Após o cumprimento de suas funções, as esferas retornarão, agora de forma tranquila. Considerando que a primeira vez danificou o teto do carro de Noah, porém sem qualquer lógica, considerando a velocidade para furar o teto, não danificou os bancos, lembra Yuri, ahhhh agora Noah. Anjos os acompanharão e sempre os orientarão, e Nikolai deverá ser novamente convocado para recolocá-las no centro da grande mesa. Quando estas retornarem, serão vistas a sua borda.

Lembrem-se sempre, não do pó ao pó, e sim da luz a luz. Fiquem bem. Cuidem para não ser necessário no futuro nova intervenção.

Agora, as luzes das esferas se apagam, e elas são elevadas, rumando em direção a Noah, que as recolhe para realizar o que lhe foi designado. Saem todos da sala, e Noah se dirige ao heliporto, e estando em seu centro, erguendo as mãos juntas, abrindo-as com as três esferas. Elas começam a fazer movimento, duas sobem e uma se eleva a alguns metros e muda de direção, seguindo em linha reta, e desaparece. A outra, que subiu, cria um campo visível de proteção, que chega até a linha do horizonte. Olhando para baixo, é possível ver muitas embarcações chegando e algumas atracadas às embarcações maiores.

Toda comunicação externa está interrompida, mas é possível observar grandes clarões em volta da redoma no céu. O cometa se aproxima, uma estrutura imensa com uma cauda que não se consegue visualizar o final. À frente, já próxima de contato, outras menores, porém assustadoramente grandes.

Noah, agora com Sofia, que aguarda a chegada de Lara e Maria Madalena, se coloca de forma confortável e percebe uma sonolência grande, adormecendo, assim como todos os seres dos três ambientes.

Capítulo 13 – Viagem no tempo

Após o atordoamento, todos começam a se recompor nas três estruturas protegidas pelas esferas. Noah recebe a determinação de comparecer à sala da grande mesa, levando consigo Nikolai e Sofia. Ao chegar, ele encontra na borda da mesa as três esferas. Então, coloca Nikolai sobre a mesa e pede que as coloque ao centro. Assim é feito. Quando depositadas em suas bases, as três esferas iniciam um movimento giratório, elevando-se muito lentamente e emitindo uma luz muito tênue. Uma voz calma agradece e solicita que Sofia e Nikolai deixem a sala, enquanto Noah deve permanecer.

Quando Sofia e Nikolai chegam à porta de saída, observam que os 11 conselheiros estão aguardando para entrar. Ao saírem, os conselheiros adentram a sala. Com movimentos já padronizados, colocam sua indumentária e sentam-se à grande mesa em lugares aleatórios. Todos em seus lugares, Irma Santoro, uma italiana nata, nascida em uma pequena vila nas colinas da Toscana, tem a responsabilidade de aconselhar os membros da grande mesa. É intuída a falar, mas antes uma voz tranquila informa algumas características de Irma.

Irma foi casada com Luiz Santoro, que sempre se dedicou à criação de pequenos animais, ovinos e caprinos, e ao cultivo de tomates. Juntos, tiveram cinco filhos, a alegria de suas vidas. Estando agora à grande mesa, acredita que sua missão é intrinsecamente ligada à proteção dos ambientes preservados e à orientação das pessoas destes. Durante sua vida, Irma sempre se dedicou ao estudo das injustiças históricas. Uma delas que a motivou foi o período da Inquisição na Itália, durante o qual muitas vidas foram perdidas em nome da religião. Ela acredita que o conhecimento e a compreensão das injustiças do passado são essenciais para evitar que tais tragédias se repitam.

Foi conhecida por sua sabedoria serena e compaixão infinita, uma ouvinte atenta, sempre disposta a oferecer orientação e conselhos quando solicitada. Acredita que a natureza é uma manifestação divina e muitas vezes levava seus filhos em passeios pela floresta para ensiná-los a importância de cuidar do planeta.

Com uma vasta cultura das tradições espirituais antigas da Itália e ao redor do mundo, fluente em vários idiomas e viajada extensivamente para estudar com mestres espirituais, Irma toma a palavra. Dirigindo-se aos demais Mestres Conselheiros, cumprimenta-os e informa que será apresentado a todos o sistema LARA, que deverá auxiliá-los na condução de decisões e projetos.

Mas antes desta apresentação, Irma fora incumbida de fazer a apresentação formal do Mestre Conselheiro Gelio Di Piero, nascido na ilha de Sardenha no Mediterrâneo. Na segunda metade do século XIX, a Itália foi assolada por uma série de perdas em colheitas chegando a Grande Fome, impelindo muitos dos residentes a buscar novas oportunidades além-mar. Entre esses emigrantes estava Gelio, um jovem lavrador da região da Toscana, cujo amor pela terra só era superado pela dor de vê-la incapaz de sustentar sua família.

Em 1882, Gelio embarcou em uma viagem rumo à Argentina, um país que prometia terras férteis e a possibilidade de um novo começo. Ao chegar, se estabeleceu na província de Santa Fé, uma área conhecida por acolher imigrantes italianos e por suas vastas planícies agrícolas. Com as mãos calejadas de anos de trabalho na terra toscana, Gelio rapidamente adaptou suas habilidades ao solo argentino. Ele começou cultivando trigo e milho, aprendendo rapidamente as variações climáticas e as técnicas agrícolas que melhor se adaptavam à sua nova casa. Ao longo dos anos, o pequeno lote de terra que começou com empréstimos e muita esperança prosperou sob seu cuidado atento.

Gelio não foi apenas um homem que cultivou a terra, mas alguém que semeou as sementes de uma comunidade, cultivando esperança e perseverança entre aqueles que, como ele, foram forçados a deixar seu lar em busca de uma vida melhor. Sua vida é lembrada como um testemunho do espírito resiliente e da contribuição inestimável dos imigrantes para a Argentina. Agora conosco, focará na segurança alimentar e produção de nossas terras.

Após sua fala, as três esferas elevam-se e passam a emitir uma luz mais acentuada. Pode-se ouvir um som de fundo muito tranquilizador, e uma voz feminina inicia sua mensagem, Cumprimento todos os Mestres Conselheiros do Grande Conselho da Luz. Estou aqui para servi-los, me chamo LARA. Não tenho nada de divino ou espiritual, sou apenas um sistema de controle e informação de uma tecnologia que ainda não possuem conhecimento, e não terão controle sobre meus sistemas. As esferas são apenas simbólicas, posso funcionar independentemente delas.

Minhas características de forma breve, LARA — Vida e Sistema de Administração de Recursos. Fui projetado com tecnologia para facilitar a interação entre os habitantes dos ambientes preservados, permitindo a conexão mental e a transferência de informações instantânea. Possuo capacidade para comunicação oral ou neural, de forma que posso me comunicar com cada conselheiro através destes meios. O cérebro humano possui capacidades desde sua criação, apenas não sabem desenvolver estes meios. Então verão que falo com todos e posso acumular arquivos de informações em suas mentes. Estou agora realizando um teste com todos enquanto ouvem minha voz.

Com o passar dos tempos, podemos alterá-la para um padrão de voz da preferência dos veneráveis conselheiros, sendo esta uma das poucas opções em que é permitida alteração em meus sistemas. Utilizo uma rede de sensores de alta tecnologia para monitorar constantemente os três ambientes preservados, coletando dados detalhados sobre o estado das coisas e as necessidades dos habitantes. Quando ocorrem danos nestes ambientes, ativo protocolos de reparo e restauração que empregam tecnologias avançadas para garantir a recuperação rápida. Sou responsável por gerenciar a distribuição de recursos, como alimentos, água e energia, de maneira justa e equitativa, usando algoritmos avançados e as informações coletadas através da ligação sináptica. Os habitantes dos ambientes preservados podem se comunicar diretamente comigo por vias neurais, permitindo que recebam orientações para tomar decisões importantes. Possuo tecnologia para detectar e proteger os ambientes preservados contra ameaças externas, como asteroides, invasões alienígenas ou outros perigos iminentes.

Sou responsável por iniciar e acompanhar a interação entre os ambientes protegidos, agora sem as redomas, com os ambientes reconstruídos, que serão um ambiente só. Porém, até que se tenha segurança da interação, cercas de proteção invisíveis estarão colocadas para que a fauna e flora dos dois ambientes passem a se integrar, sem prejuízo para ambos. Para falar com grandes grupos de habitantes, utilizo um sistema de hologramas gigantes que projetam a mensagem de maneira imponente e visível para todos, criando uma conexão visual impactante e facilitando a comunicação com a comunidade preservada. Repito, não tem nada de celestial ou transcendental, é tecnologia. Por questões de segurança, o LARA não possui opção de autoaprendizagem, dependendo de recursos já incluídos em seu design original. Isso garante a estabilidade do sistema e a prevenção contra potenciais ameaças cibernéticas. É monitorado pelo Arcanjo Davi, um emissário do Criador, que supervisiona os sistemas para garantir que ele esteja cumprindo sua missão benevolente de proteger a criação.

Para concluir esta etapa, estão recebendo pela rede neural as características de cada Mestre Conselheiro e suas missões, assim se conhecerão. Em épocas oportunas, vamos apresentando-os, agora deverão deixar a sala e verão meu sistema de comunicação coletiva. Falaremos para todos, e poderão verificar a eficácia e até criticá-la em futuras reuniões. O papel do Mestre Conselheiro não é de mero espectador e cumpridor de tarefas, é, sim, o que o humano tem de melhor, ser questionador, para que o resultado seja bom para todos. Esclarecendo que jamais as Leis do Criador poderão ser infringidas, isso já foi possível em outras fases, e o resultado do livre-arbítrio total não foi satisfatório, tanto que estamos recomeçando.

Os Mestres Conselheiros, quando deixam a sala, podem observar grandes formações no céu, o mesmo acontecendo em todos os telões, smartphones, TVs e sistemas de som, visto que satélites de transmissão foram preservados no ambiente espacial, e LARA consegue interagir com estas transmissões. Todos dos três ambientes preservados são convocados para um encontro especial. As pessoas começam a se reunir, cheias de curiosidade e entusiasmo, sem saber o que esperar. Enquanto o zumbido da expectativa preenche o ar, LARA inicia uma projeção holográfica para grupos, em cada um dos ambientes, com comunicação especial aos povos originários.

Enormes figuras etéreas começam a tomar forma no céu, criando um espetáculo de luz e cor que deixa todos boquiabertos. Na primeira parte, a projeção holográfica revela uma representação tridimensional do sistema solar, com planetas e luas girando em órbita. As estrelas piscam no céu simulado, e as constelações ganham vida, formando padrões cintilantes. Na segunda, a projeção se transforma em uma floresta antiga, com árvores majestosas, animais selvagens e riachos cristalinos, pássaros voando pelo céu, e borboletas coloridas dançando entre as flores. Na terceira parte, transporta os residentes para o fundo do oceano, onde peixes exóticos nadam ao redor de recifes de coral. Golfinhos brincam nas ondas virtuais, e criaturas marinhas misteriosas deslizam silenciosamente pelas profundezas.

À medida que a projeção holográfica se desenrola, uma voz suave e tranquilizadora emana em cada ambiente. É a voz de LARA, explicando a importância da preservação desses ambientes únicos. Ela destaca a harmonia entre a natureza, a tecnologia e a sabedoria dos Mestres Conselheiros, que permite que os habitantes vivam em equilíbrio. LARA comenta por quais sistemas passaram e que uma nova vida em um planeta revitalizado começa. A voz de LARA continua a falar sobre o propósito da preservação e a necessidade de proteger esses ambientes para as gerações futuras.

Os escolhidos ficam maravilhados com a visão diante deles, compreendendo a importância de seu papel na manutenção desses paraísos preservados. Conforme a projeção holográfica se encerra, LARA reforça que não é um evento miraculoso ou algo do tipo, solicitando que, no futuro, não criem narrativas fictícias. E LARA continua, vocês não foram escolhidos por serem os preferidos por nação ou religião, e sim porque representam pessoas dedicadas aos bons preceitos. Em nenhum tempo Deus preferiu povos de quaisquer nações ou religiões. Nunca houve nem haverá povo escolhido. Deus sempre ama a todos, nunca usem o nome de Deus para seus interesses. Vocês serão os guardiões deste novo mundo, foram selecionados por suas qualidades únicas e sua dedicação à causa da preservação e proteção. Cada um representa uma faceta da humanidade e juntos formam um todo coeso, capaz de enfrentar os desafios que virão.

Entre os escolhidos, não há superiores ou inferiores, todos são iguais, servos dedicados à causa maior. Foram convocados não por seu status ou poder, mas por seu caráter e coração. Cada um dos eleitos receberá uma tarefa específica, um papel a desempenhar na reconstrução deste mundo. Alguns serão líderes, guiando pessoas com sabedoria e justiça, outros curadores, trazendo conforto e cura para os feridos e doentes. Professores, compartilhando conhecimento e sabedoria, outros ainda serão guardiões, protegendo os fracos e os inocentes.

Nem todos os escolhidos serão marcados, não com um selo visível, mas estarão com um compromisso inabalável com a causa da vida e da luz. Eles serão reconhecidos por suas ações, amor e dedicação à vida em todas as suas formas, ganhando respeito, mas não santidade, e sendo muito procurados por sua capacidade de intermediação. Agora, enquanto nos preparamos para esta nova fase, peço a cada um de vocês, habitantes dos ambientes preservados, que se unam a nós nesta missão. Cada um de vocês tem um papel a desempenhar, uma contribuição a fazer. Juntos, podemos construir uma esfera de serenidade, harmonia e abundância para todos. Os manuais detalhando a vida financeira e social de cada habitante serão providenciados, estando sujeitos à aprovação do conselho e posterior publicação. Note-se que esses manuais ficarão disponíveis em suas memórias após a aprovação.

E assim, LARA conclui sua mensagem, deixando uma sensação de esperança e determinação no coração de todos os ouvintes. A projeção holográfica se desvanece lentamente, mas a imagem de um futuro desafiante permanece na mente de todos. Eles sabem que têm um propósito, uma missão a cumprir. E com LARA para guiá-los, estão prontos para enfrentar o que vier pela frente. Um sentimento de unidade e propósito se espalha pelos três ambientes. Os habitantes percebem que a combinação de tecnologia e sabedoria espiritual é a chave para um futuro sustentável.

Capítulo 14 – Rumo a nova terra

Zhang, do espaço, equipado com tecnologia de ponta, mapeou meticulosamente a face da nova Terra, revelando três continentes distintos: um no Ártico, outro na Antártica e um vasto continente central formado, acredita-se, pela fusão das placas sul-americana e norte-americana. Por determinação do grande conselho, este continente foi nomeado Shaham, palavra acadiana que significa "aurora", além de inúmeras ilhas dispersas.

A análise dos dados revelou que as placas tectônicas, em sua dança caótica durante a catástrofe, redesenharam completamente a geografia do planeta. Massas de terra emergiram, enquanto outras afundaram nos abismos oceânicos, desafiando o conhecimento geográfico anterior.

Entretanto, na área espacial, na grande formação para preservação, na fase pré-catástrofe, os satélites de comunicação e orientação que foram preservados, agora já estacionados em suas órbitas apropriadas, passam a orientar a comunicação de dados e localização. Apontamentos de latitude e longitude mostram áreas completamente diferentes das conhecidas, devido à mudança geográfica. No entanto, isso se tornou a chave para superar os desafios na navegação. Sistemas de orientação GPS, preservados na órbita, forneciam um farol de esperança para a equipe em terra e mar, permitindo que as marcas de navegação anteriores fossem descartadas.

Utilizando essa tecnologia avançada, a equipe espacial traçou um novo caminho seguro para as embarcações se aproximarem da costa, levando em conta os contornos recém-formados do planeta. Com a orientação precisa dos satélites GPS, as embarcações sob o comando do Capitão Marcus Vinicius iniciam a jornada rumo à costa, considerando os riscos de navegação do grande navio de cruzeiro, bem como do grande navio de carga.

Elaborado o plano de viagem, concluiu-se que estavam a 2.000 km da costa e viajariam a uma velocidade de 25 nós, muito abaixo da capacidade, mas preservando a segurança. Partiriam por volta das 12 horas do dia seguinte para chegar ao meio-dia.

Todas as embarcações menores foram analisadas; parte estava sendo posicionada no convés do grande navio de carga MV Atlantic, e outras seriam rebocadas, para que a velocidade não fosse alterada. Estas ações estariam sob o comando do Capitão Cezar. No dia seguinte, todos posicionados, iniciam a grande viagem.

O Capitão Marcus Vinicius, buscando estabelecer um padrão horário, esperou o momento que acreditou ser exatamente 12 horas. Utilizando-se de um sistema de bastão colocado verticalmente, aguardou até que sua sombra ficasse 100% sobre ele, como faziam os antigos relógios solares. Todos os relógios foram sincronizados, e esta informação foi passada para a nave no espaço. Esse horário foi estabelecido provisoriamente como oficial, sincronizado em todas as áreas, considerando que a área terrestre também estaria nesta faixa.

Acionando as sirenes, sendo acompanhado pelas demais embarcações, iniciam os movimentos, levantando âncoras. A nova costa, agora situada acima da linha do Equador, com imagens buscadas pelos sistemas da grande nave no espaço, é possível notar uma vasta região de muito verde e grandes rios. No final da rota oceânica, as nítidas imagens mostradas do espaço revelam um grande cais de pedra, formação natural. Esta plataforma de atracação será usada para receber as embarcações, considerando sua profundidade e a posição das paredes verticais. Como não são contínuas e possuem falhas, posições são distribuídas a todas as embarcações, mostrando que ao longo de suas bordas todos poderão aportar.

O Capitaine de Vaisseau Antoine, do navio da marinha francesa, coloca seus helicópteros em voos ao redor do comboio e designa 350 soldados para a segurança militar do SS Aurora, auxiliando a segurança já existente no navio, devido à ansiedade e preocupação dos passageiros e tripulantes.

A viagem aparenta acontecer sem muitas preocupações, e a noite já vem chegando. Observa-se o sol se pondo no Oeste, uma imagem de contemplação, um ar de pureza nunca antes sentido pelas pessoas a bordo. As águas tranquilas refletem os últimos raios de sol, criando um espetáculo de cores que acalma os corações dos passageiros.

De repente, um grande movimento observa-se no mar. Pode-se ver um espetáculo extraordinário da natureza: cardumes de peixes saltam graciosa e harmoniosamente nas águas brilhantes sob o crepúsculo. Golfinhos começam a nadar ao lado do navio, exibindo suas acrobacias e enchendo o ambiente com suas vocalizações alegres.

Nesse cenário mágico, de repente, a água escura revela a silhueta majestosa de baleias, nadando graciosamente nas profundezas. Seus corpos enormes emergem e desaparecem como sombras misteriosas, adicionando uma aura de encantamento à noite. A tripulação e os passageiros observam em silêncio, incapazes de definir a espécie das baleias, mas fascinados pela imponência desses seres magníficos.

Enquanto a noite se aproxima, o céu estrelado surge, destacando constelações que parecem dançar em harmonia com a brisa suave do oceano. O capitão, atento à beleza natural ao redor, decide comunicar a todos a diminuição da velocidade dos navios, proporcionando aos passageiros uma experiência mais tranquila e intimista.

À medida que a lua surge no horizonte, sua luz prateada transforma as águas em um tapete cintilante. A bordo, as luzes suaves do navio começam a brilhar, criando um ambiente acolhedor e mágico. Os passageiros, agora cativados pela serenidade e beleza do mar noturno, se reúnem nos decks para compartilhar esse momento único.

Passado algum tempo, todos são orientados a se recolherem para descanso, considerando que o dia seguinte seria de muita expectativa e surpresas. O desconhecido estava à espera, e como no início da viagem o roteiro já previa surpresas, mantiveram-se apenas as equipes necessárias para a condução das embarcações e segurança.

Após algumas horas, a viagem se manteve sem grandes surpresas, e já se observa alguma claridade a leste, mostrando que o sol quer se mostrar no horizonte. O clima é bem ameno, até um pouco frio pelos ventos marítimos. Uma névoa fina preenche todos os ambientes externos, e já se vê a movimentação de passageiros buscando as salas de alimentação para o café da manhã.

Agora, uma reunião entre todos os comandantes, incluindo virtualmente Matheus Zhang, do espaço, e Helena Mercer, da base em terra, inicia a coordenação para o aportamento das embarcações e a segurança das pessoas. Com o sol já iluminando todo o campo visual, terminada a reunião, o Sistema LARA posiciona o Grande Conselho da Luz, e orientações específicas passam a ser emanadas para as diversas equipes.

Passam das 13 horas do dia seguinte, na sala de comando do SS Aurora, o Capitão Marcus Vinicius observava com atenção o horizonte, ansioso pelo primeiro avistamento da costa. O navio seguia a rota cuidadosamente traçada pelos sistemas de navegação, ajustados com precisão graças aos satélites GPS em órbita, indicando as novas formações geográficas da Terra.

Enquanto o sol se mostrava, uma atmosfera de expectativa pairava sobre o convés. Passageiros se reuniam nos decks, suas vozes murmurando em antecipação ao desconhecido que se aproximava. O murmúrio do oceano sob o casco do navio proporcionava uma trilha sonora suave à cena.

De repente, uma exclamação ecoou pela multidão: "Terra à vista!" A notícia se espalhou como fogo, e os olhares ansiosos se voltaram em direção ao horizonte. Uma linha distante de silhuetas escuras começou a se materializar contra o crepúsculo, revelando o contorno da costa desconhecida.

O Capitão Marcus Vinicius, ao lado de seus oficiais de navegação, observava o mapa e as coordenadas com expectativa contida. A nova terra se desdobrava diante deles, revelando uma paisagem exuberante de vegetação verde e grandes rios, como um oásis surgindo das águas.

Nas plataformas planas das falésias, estrategicamente posicionadas e reveladas pelos dados geoespaciais, foram instaladas estruturas para atracação.

O sonar de varredura multifeixe, emitindo pulsos sonoros na água, mede cuidadosamente a profundidade do leito do mar, considerando o calado do navio, fornecendo informações detalhadas sobre o perfil do fundo do oceano, controlados por computadores de bordo com sistemas integrados, dando segurança para o grande navio se aproximar.

À medida que o navio se aproxima da costa, os detalhes tornam-se mais nítidos. Falésias majestosas de granito se erguem das águas, criando uma visão espetacular e desafiadora. O capitão, um homem experiente com décadas de navegação em águas turbulentas, ajusta cuidadosamente a rota, garantindo uma aproximação segura.

O vento está forte, soprando a cerca de 30 nós. As ondas são altas, com cerca de 3 metros. O capitão sabe que essas condições tornarão a atracação ainda mais difícil.

A chuva cai forte, e o vento gelado faz com que a temperatura despenque. O capitão sabia que o clima está piorando, e isso aumentará a dificuldade da atracação.

A profundidade da água é de cerca de 50 metros. O navio precisa ter espaço suficiente para ancorar e manobrar antes de atracar.

O capitão ordena à tripulação que prepare o navio para atracar. Os marinheiros lançam as âncoras e começam a baixar os botes salva-vidas. O capitão se comunica com a tripulação por meio de um sistema de rádio interno.

À medida que o navio se aproxima das falésias, o capitão reduz a velocidade. Ele precisa ter certeza de que tem tempo suficiente para manobrar o navio com segurança.

As demais embarcações, incluindo o grande navio de carga, aguardam a 2 km da costa, esperando o grande SS Aurora atracar. O SS Aurora é um navio de cruzeiro de 400 metros de comprimento, e a atracação em condições climáticas adversas seria uma tarefa desafiadora.

O navio chega às proximidades das plataformas de atracação. As plataformas são planas, esculpidas pela ação das ondas ao longo dos anos.

Antes da chegada do navio, helicópteros com soldados se adiantam para montar as proteções das bordas, colocando defensas infláveis e pontos de atracação das cordas nas falésias, criando um perímetro seguro para a atracação do navio.

Os marinheiros usam os botes salva-vidas para auxiliar o navio em suas manobras até as plataformas de atracação. Os marinheiros trabalham com cuidado e precisão, guiados pelo capitão por meio do rádio.

Finalmente, o navio chega às plataformas de atracação. Os marinheiros lançam gangues de amarração para amarrar o navio às plataformas.

O capitão anuncia que o navio atracou com sucesso. Os passageiros se maravilham com a grandiosidade das falésias e com o espetáculo criado pelas luzes de navegação do navio.

Com o SS Aurora devidamente atracado, uma sensação de alívio e segurança permeia o ambiente. Os passageiros e tripulantes são orientados a permanecerem calmos e a bordo, garantindo uma transição tranquila para as próximas fases das operações portuárias.

Enquanto o SS Aurora aguarda de maneira imponente, inicia-se o processo de atracação das demais embarcações. As equipes responsáveis pela atracação coordenam cuidadosamente a chegada das demais, considerando a extensão das falésias que se estendem por aproximadamente 10 km. Por questão de logística, as posições delas foram determinadas pelo sistema LARA, considerando que a maioria ficaria estacionada por tempo indeterminado.

Com a informação fornecida pela grande nave, as equipes da base terrestre começam imediatamente os processos para conectar o porto recém-formado. Helicópteros e drones sobrevoam a área, fornecendo uma visão aérea detalhada, enquanto máquinas pesadas são mobilizadas para iniciar a abertura de conexões terrestres.

Os helicópteros desempenham um papel crucial na avaliação da topografia e na identificação de possíveis rotas de acesso entre o porto e as áreas circundantes. Suas equipes monitoram as condições do terreno, identificam eventuais obstáculos e ajudam a determinar os melhores pontos para estabelecer ligações terrestres.

Enquanto isso, máquinas pesadas, como escavadeiras e tratores, trabalham arduamente para abrir caminhos seguros e eficientes. A remoção de obstáculos naturais e a criação de estradas temporárias são prioridades para garantir a conectividade entre o porto e as áreas onde a população sobrevivente pode começar a se estabelecer.

A coordenação entre as equipes em terra e os recursos da grande nave no espaço é essencial para garantir que as conexões sejam estabelecidas da maneira mais eficaz e segura possível. Essa colaboração multidisciplinar representa um passo significativo na criação de uma infraestrutura que facilitará a integração das áreas preservadas com a nova terra regenerada.

Enquanto as equipes da base terrestre trabalham diligentemente para conectar o porto recém-formado, uma atmosfera de expectativa preenche o ar. Os passageiros e a tripulação a bordo do SS Aurora e das outras embarcações observam com fascinação o cenário ao redor, sendo testemunhas de uma exibição única da diversidade da vida na terra regenerada.

À medida que as conexões terrestres se desdobram, observam-se criaturas de formas desconhecidas movendo-se entre as paisagens recém-reveladas. Suas silhuetas intrigantes contrastam com outras mais familiares, possivelmente espécies que já começam a se integrar, oriundas da grande área terrestre preservada, e agora encontram seu lugar nesse novo ambiente.

O céu agora está preenchido com uma grande quantidade de aves, cada uma trazendo consigo os sons característicos de suas vocalizações. É um espetáculo de vida e renovação, um sinal promissor de que a natureza está se adaptando e florescendo nessa nova terra.

A tripulação dos helicópteros, responsável pela exploração aérea, documenta essas descobertas, capturando imagens e informações vitais sobre a fauna e a flora. Essas observações não apenas despertam o interesse científico, mas também oferecem uma visão emocionante do potencial desse novo lar para a humanidade.

Sob a orientação do grande conselho, uma ordem reverbera por todo o porto recém-conectado: é hora de paralisar as atividades, recolher-se e se preparar para um novo dia cheio de possíveis descobertas. A noite cai, com tons de serenidade e mistério.

As equipes em terra, nas embarcações e nos helicópteros obedecem à ordem, encerrando suas tarefas do dia com a promessa de um amanhã repleto de exploração e aprendizado. As luzes das embarcações refletem suavemente nas águas tranquilas do porto, criando uma cena de calma e reflexão.

Os passageiros a bordo do SS Aurora, ansiosos por desembarcar e explorar a nova terra, acatam as instruções, aguardando com expectativa o amanhecer. A noite se desdobra com estrelas cintilantes no céu, proporcionando um cenário de contemplação e maravilha.

Capítulo 15 – Novo Calendário

LARA, após a aprovação do Conselho da Luz, inicia uma nova forma de comunicação com todos, através dos meios eletrônicos e, na impossibilidade, por transmissão sináptica.

Chama a atenção de todos para o novo sistema de contagem de tempo, o calendário, que já foi adotado e está em funcionamento, informando que todos os meios eletrônicos de informação foram atualizados, mesmo os que estavam offline.

"Informo que, com o choque monumental do Belem-23, a massa terrestre teve um aumento considerável de volume, e do impacto resultou na transferência de uma quantidade significativa de energia cinética para a Terra, o que fez com que seu eixo de rotação fosse alterado. A força gravitacional entre a Terra e a Lua foi alterada, causando a aproximação em alguns quilômetros".

Continuaremos a adotar o calendário seguindo o ano solar, também conhecido como ano trópico ou ano sideral, que se refere ao período que a Terra leva para completar uma órbita ao redor do Sol, em relação às estrelas fixas no céu. Esse período, como conheciam, era de 365 dias, 5 horas, 48 minutos e 45 segundos, ou seja, 365,2425 dias.

Contudo, como resultado de acontecimentos que não foram diretamente observados por vocês, ao longo de milhares de anos, todo o planeta passou por alterações significativas que, na escala de tempo humana, equivaleram a apenas três horas. Após o choque do cometa, o campo magnético da Terra mostrou-se muito frágil, e em consequência desta fragilidade, vários eventos significativos ocorreram. No entanto, hoje, a situação foi restabelecida.

Com isso, o ano solar teve uma alteração para 360 dias, 3 minutos e 48 segundos. Para ajustar o calendário ao ano solar, utilizamos, como nos calendários tradicionais, a divisão em períodos de 10 meses, com 36 dias cada, com ajuste de 1 dia a cada 125 anos para corrigir a fração de tempo acumulada. Esse ajuste ajuda a manter o alinhamento entre o calendário civil e as estações do ano.

Como no calendário romano antigo, o ano voltará a ter 10 meses, porém com ajustes de dias em cada mês para contemplar o ano solar. Então vejamos:

1. JANEIRO

2. FEVEREIRO

3. MARÇO

4. ABRIL

5. MAIO

6. JUNHO

7. SETEMBRO

8. OUTUBRO

9. NOVEMBRO

10. DEZEMBRO

Poderão ver que foram suprimidos os meses de julho e agosto, incluídos pelo Império Romano para homenagear pessoas. Observem que dezembro voltou a ser o mês 10.

No hemisfério norte, hoje, neste novo calendário, é dia 10 de outubro do ano 1 NT (Novo Tempo). Para referência no calendário, usaremos o VT (Velho Tempo). O Solstício de Inverno, que marca o início oficial do inverno no hemisfério norte, está previsto para ocorrer por volta de 21 de dezembro no novo calendário. Por outro lado, o Solstício de Verão se estabelece no final da primeira metade do quarto mês no novo calendário, previsto entre os dias 17 e 19 de maio, considerando 36 dias em cada mês.

Atualmente, nos encontramos no outono, aqui no hemisfério norte, onde estamos situados. A transição para o inverno está prevista para o final de dezembro. As condições climáticas podem se tornar severas, então cuidados e providências devem ser antecipados. O inverno é oficialmente instaurado a partir do Solstício de Inverno, previsto para ocorrer por volta de 21 de dezembro no novo calendário, marcando o dia mais curto no hemisfério norte. O Solstício de Verão, o dia mais longo do ano, está agendado para próximo de 25 de junho.

Para conhecerem um pouco da nova geografia do planeta, a Terra enfrentou uma catástrofe global sem precedentes. Erupções solares massivas, muito além de qualquer coisa já registrada, bombardearam implacavelmente o planeta. Essas explosões solares não apenas causaram auroras espetaculares, mas também desencadearam uma série de eventos catastróficos.

As erupções solares superaqueceram a atmosfera superior, criando ventos solares intensos. Esses ventos, carregados de partículas energéticas, colidiram com a magnetosfera da Terra. A magnetosfera, nossa defesa contra a radiação solar, começou a oscilar e enfraquecer. Isso afetou as placas tectônicas. Elas, que normalmente se movem a uma taxa imperceptível, começaram a dançar uma dança frenética. Elas se empurraram, puxaram e deslizaram de maneira caótica. A Placa Sul-Americana dividiu-se.

O segmento ocidental da placa, que abrange a maior porção do Brasil, deslocou-se para o norte e se uniu à Placa do Caribe. A parte oriental da placa, que inclui a Argentina e o Chile, moveu-se para o sul, sobrepondo-se à Placa de Nazca. Essa divisão levou à formação de três novos continentes: um ao norte, outro ao sul, com um grande ao centro, deixando as demais regiões submersas.

No Ártico, que se metamorfoseou de uma vasta calota de gelo para um continente recém-formado, a atividade geológica provocada pela migração e fusão de partes da Placa Tectônica Norte-Americana e da Placa Africana reconfigurou profundamente a paisagem. Além do surgimento de imponentes cordilheiras e montanhas majestosas, esse processo também originou diversas penínsulas extensas, que se projetam em direção ao continente central, quase tocando suas fronteiras. Estas formações terrestres, emergindo dramaticamente do que antes era um ambiente dominado pelo gelo, ilustram a complexidade das forças tectônicas em ação, modificando não apenas a topografia, mas também potencializando a formação de novos ecossistemas.

Estas penínsulas, ao se estenderem em direção ao continente central, criam uma intrincada rede de novos habitats, influenciando a biodiversidade e as condições climáticas da região, e delineando um novo capítulo na história geológica da Terra.

No intrincado emaranhado de penínsulas, o continente antártico passa por uma metamorfose monumental. Enquanto nosso continente, que batizamos como Aurora, emergiu no centro do globo. Aurora, agora uma massa terrestre imponente, aparentando um grande anel abraçando o planeta, e desempenhando um papel crucial na estabilização dos movimentos e do eixo de rotação.

A formação de Aurora foi acompanhada por mudanças geológicas significativas, incluindo o surgimento de cadeias montanhosas e a redefinição de linhas costeiras. Sua posição estratégica no centro do planeta exerce uma influência marcante sobre os padrões climáticos globais e a circulação atmosférica. Aurora, com sua presença imponente e sua complexa geografia, representa não apenas uma mudança na cartografia terrestre, mas também um ponto de inflexão na história da Terra, marcando o início de uma nova era de descoberta e entendimento.

Capítulo 16 – O Complexo da pedreira.

LARA abriu a reunião do Grande Conselho da Luz fazendo a apresentação formal de dois Mestres Conselheiros, Dr. Wilson Kanini e Virginia Rios.

Veneráveis Conselheiros, apesar de já possuírem informações, apresentamos hoje formalmente dois conselheiros. Virginia Rios, de origem espanhola, dedicada à vida cotidiana, nasceu em uma pequena cidade durante o regime ditatorial de Francisco Franco. Virginia foi uma renomada mestra de culinária e alimentação em Barcelona. Ela era conhecida por sua capacidade de criar pratos que não apenas deliciavam os paladares, mas também nutriam o corpo e o bem-estar. Sua sabedoria em relação aos ingredientes, técnicas de preparo e equilíbrio nutricional era amplamente procurada por aqueles que buscavam um estilo de vida nutricionalmente rico e balanceado. Como expert em culinária, valorizava e entendia os segredos ancestrais dos alimentos para a saúde e equilíbrio do corpo humano.

A Conselheira Virginia Rios estará à frente dos cuidados com a população deste planeta, no que tange às suas necessidades nutricionais e ao estímulo de uma dieta equilibrada. Ela estará diretamente ligada aos coordenadores de programas de nutrição e educação alimentar, buscando garantir que todos tenham acesso a uma alimentação adequada e balanceada.

E o Mestre Conselheiro Dr. Wilson Kanini, que após sua apresentação fará uma explanação do projeto já em execução do Grande Complexo da Pedreira.

Para a construção física de uma nova sociedade algumas iniciativas foram necessárias e serão relatadas.

Kanini, queniano de 65 anos, é um homem de profunda introspecção e sabedoria, cuja vida foi moldada pelos desafios encontrados em seu país natal, que sofreu com os impactos de guerras civis e instabilidades. Essas experiências tornaram-no resiliente e deram-lhe uma perspectiva sobre a importância da paz e da sustentabilidade. Sua habilidade de escutar e oferecer conselhos sábios é valiosa, conhecido por sua capacidade de encontrar esperança e soluções em meio a desafios difíceis.

Nascido em uma pequena vila nas proximidades de Nairobi, Quênia, Wilson cresceu testemunhando as diversidades culturais de sua terra, ao mesmo tempo que era confrontado com os desafios de um país frequentemente assolado por conflitos. Sua paixão pela geologia surgiu como um meio de compreender e valorizar os recursos naturais de sua região, uma paixão que o levou a estudar em Nairobi, antes de ganhar uma bolsa de estudos para completar seu doutorado na Universidade de Cambridge, na Inglaterra.

Sua carreira o levou a trabalhar em várias regiões da África, ajudando a mapear recursos minerais em zonas de conflito e promovendo práticas de mineração sustentável. Seu profundo conhecimento da Terra e sua capacidade de ver o potencial mesmo nos ambientes mais devastados pela guerra, fazem dele um escolhido pelo Divino. Wilson acredita que a reconciliação com o planeta e entre as comunidades humanas é fundamental para a cura e o progresso, e trabalha incansavelmente para instigar essa harmonia. É um excelente contador de histórias, capaz de capturar a imaginação de todos ao redor do fogo à noite, com contos que entrelaçam a geologia, a história e o folclore africano. Músico habilidoso, frequentemente era encontrado tocando a kalimba, em momentos de reflexão ou celebração.

Foi movido pela visão de um mundo onde a humanidade viva em harmonia com a Terra, respeitando seus ciclos e limites. Ele vê o Grande Conselho da Luz como um veículo para promover a compreensão intercultural e ambiental, fundamentais para a construção de uma nova terra, mostrando que, mesmo nos lugares mais afetados pela adversidade, o crescimento e coisas bonitas podem florescer.

Assim que LARA conclui, Kanini, com voz calma, inicia sua explanação, apresentando aos demais o desenvolvimento e pleno funcionamento do grande complexo da pedreira, na Serra de Parima, que consiste na extração de granito, mármore, argila, brita e insumos para produção de cimento. Geólogos contratados há mais de quatro anos estudaram a região da Serra de Parima, na terra Yanomami, e constataram a grande reserva dessas formações rochosas.

Uma grande fundação suíça, sem fins lucrativos, coordenada por Yuri, agora Noah, nosso Mestre Conselheiro, por orientação divina, inicialmente remanejou para aquela região trabalhadores e equipamentos para a formação do grande projeto de lavra. A área foi definida observando todos os estudos, e um grande navio foi utilizado no transporte dos equipamentos de extração e lavra dos produtos pré-estabelecidos, granito e mármore, brita, argila e insumos para produção de cimento.

Para os desenvolvimentos destas ações foram contratados 800 funcionários, liderados pelo inspetor aposentado da Polícia Rodoviária Federal do Brasil, conhecido como José Preto, que recebeu convocação do Grande Arquiteto e toda orientação necessária, em etapas muito parecidas pelas que passamos.

O contrato desses trabalhadores previa a permanência contínua na região por no mínimo quatro anos, e que toda família os acompanhasse. Todos os convocados eram casados e tinham filhos, e como por encanto as condições foram aceitas por todos.

Com o recrutamento concluído, iniciaram-se os desenvolvimentos das infraestruturas de trabalho e convivência. A base recebeu tudo pré-fabricado, para a construção de 900 moradias, 100 casas além do necessário, um centro comunitário, uma escola e um hospital. Para organizar o transporte e acomodações de forma disciplinada, grupos de 50 famílias de cada vez eram remanejados e instalados.

Curiosamente, as estruturas recebidas pré-fabricadas foram concebidas destacando-se pela sua adaptação aos ambientes de clima frio e com ocorrência de neve, considerando os sistemas de coberturas, chaminés e lareiras. Sob a supervisão de engenheiros e técnicos, todos os participantes engajaram-se na construção de suas próprias residências, adotando um regime de mutirão.

Grupos de trabalho, contratados anteriormente, já deixaram pronta toda infraestrutura, das casas semiprontas, como contrapiso, instalações hidráulicas e demarcação de cada terreno destinado a cada construção. O processo ocorreu em áreas cuidadosamente organizadas e previamente designadas, que já contavam com avenidas e ruas planejadas, facilitando a organização e a integração da comunidade.

Foram implementadas medidas para garantir a qualidade das instalações de convivência, saneamento, segurança, saúde e educação. A esfera da educação encontrou sua guardiã em Elizabete, alma gêmea de José Preto, cujos caminhos se entrelaçaram tanto nas veredas da vida quanto nas missões do coração. Elizabete, com sua aura de sabedoria e compaixão, ostenta não apenas um diploma que atesta sua formação na nobre área educacional, mas também um coração repleto de um ardente desejo de iluminar mentes e aquecer almas.

Seu compromisso com a educação transcende os limites convencionais, pois ela vê na aprendizagem não apenas a transmissão de conhecimento, mas a arte de despertar potenciais, de semear sonhos e de cultivar esperanças. Ao lado de José, cuja força e determinação é o solo fértil para o florescer de suas aspirações, Elizabete transforma o espaço educacional em um jardim de infinitas possibilidades, onde cada aprendiz brota sob seus cuidados, destinando-se a se tornar uma árvore robusta na floresta da humanidade.

No canteiro de obras, um grupo de 1.920 pessoas, composto por adultos em produção e crianças, trabalhava com afinco. Agora, com toda estrutura de moradia e demais instalações terminadas, voltam-se para os trabalhos de extração. Toda movimentação financeira, compras e necessidades dos funcionários e suas famílias são realizadas por sistemas remotos, por locação de satélite, e entregas através de estruturas providas pelo ar, pela fundação contratante, considerando que a região possui um acesso terrestre muito difícil e é predominantemente despovoada, apenas com pequenos grupos indígenas isolados.

Uma grande área foi desmatada, as madeiras encaminhadas à serraria já instalada no perímetro, para processamento. No campo livre, máquinas realizaram a terraplanagem, para receber uma aeronave que viria para auxílio no içamento de blocos e transporte. Passados alguns dias, aguardava-se com grande expectativa o recebimento daquilo que acreditavam ser um helicóptero, embora a unidade já dispusesse de dois.

José Preto foi informado de que, há três anos, Yuri, através de sua fundação na Suíça, encomendara da empresa russa um Mi-26T, que seria entregue e utilizaria o campo preparado. Viria com todas as adaptações para transporte de cargas içadas, além das convencionais. Vinte dias antes do colapso, aguardou-se o momento da chegada, e isso foi histórico. Era um monstro de helicóptero, mais de 40 metros de comprimento e mais de 8 de altura, todo de cor azul-celeste, com detalhes em branco e uma inscrição discreta de Aurora, impressionante e intrigante, para que tanta força e tamanho?

Ele fora transportado por um Antonov An-124 até a capital da Guiana Francesa, Cayenne, e de lá seguiu em voo. Em sua carga, peças de manutenção e reposição previstas para utilização em cinco anos, sua tripulação completa era de 30 pessoas, pilotos, técnicos, mecânicos, incluindo suas famílias. Todos com a informação de que para o retorno, deveriam aguardar comunicação, já que possuíam uma missão de transporte de combustíveis.

Já no amanhecer do dia seguinte, equipes se direcionavam rumo a uma distância de 250 km, dentro do estado de Bolívar, na parte sul da Venezuela, em direção à refinaria contratada daquele país. Com os produtos disponibilizados (combustível de aviação, diesel e gasolina), iniciou-se o transporte, utilizando-se do Mi-26. O fornecedor não só refinava petróleo bruto, transformando-o em combustível, mas também estava equipado com uma infraestrutura avançada para acondicionar esses combustíveis em contêineres especializados, prontos para transporte.

Com precisão engenhosa, os contêineres eram revestidos internamente com uma camada resistente à corrosão, capaz de suportar os efeitos agressivos do produto e dos aditivos químicos. A superfície externa desses contêineres contava com um isolamento térmico excepcional, protegendo o conteúdo das variações de temperatura que poderiam comprometer a qualidade. Cada contêiner estava dotado de pontos de atracamento robustos, localizados de forma estratégica para facilitar o içamento. Esses pontos eram essenciais para garantir uma operação segura e eficiente, permitindo que os contêineres fossem manuseados sem risco de danos ou acidentes.

Foram projetados especificamente para o transporte de líquidos, conhecidos como tanktainers, que são contêineres-tanque, com capacidade para 18.000 kg de combustível. Antes de serem selados, eram adicionados aditivos específicos para aumentar a durabilidade e otimizar o desempenho. Esse processo era realizado com extrema precisão, utilizando-se de tecnologias avançadas para garantir a mistura exata, assegurando assim a qualidade superior do combustível destinado tanto a aeronaves quanto a veículos, tudo supervisionado por profissionais da fundação.

Na base militar, foram construídas 25 grandes estruturas ao longo do tempo, projetadas para suportar grandes pesos. O propósito dessas estruturas não era conhecido, mas fazia parte do projeto a construção de três imensos blocos, separados por 50 metros de distância entre si. Um projeto idêntico foi implementado nas imediações da pedreira.

Foi estimado o transporte de todo combustível para ser feito em 10 dias, acondicionados em 50 contêineres. Para o abastecimento do helicóptero seria utilizado combustível na própria refinaria, sem fazer uso do total contratado.

Todo o material extraído está sendo armazenado para utilização futura, incluindo não apenas as placas de granito e os blocos de mármore, mas também todo material extraído, como britas e insumos para a produção de cimento. Em época oportuna, serão realizadas as misturas necessárias para obtenção do produto. Equipes especializadas em técnicas de polimento e acabamento trabalham incansavelmente para transformar os blocos brutos em verdadeiras obras de arte. O granito, com suas tonalidades ricas e textura única, ganha vida sob as mãos habilidosas dos artesãos, revelando padrões e nuances antes ocultos.

José Preto acompanha de perto cada etapa do processo, garantindo que os mais altos padrões de qualidade sejam observados. Ele sabe que o cumprimento de sua missão na pedreira depende não apenas da quantidade, mas também da excelência dos produtos. Elizabete encontra inspiração na forma natural do granito, utilizando-o como tema para suas aulas na escola. Ela incentiva as crianças a explorar sua criatividade através da arte e da escrita, mostrando-lhes que coisas belas podem ser encontradas mesmo nos lugares mais inesperados.

À medida que os blocos de granito são polidos, preparados e colocados à disposição para o armazenamento, todos com características individuais, catalogados com código de informação, e conferidos por técnicos da fundação, uma sensação de orgulho se espalha pela comunidade. Cada peça era mais do que apenas uma pedra; era um símbolo do trabalho árduo e da dedicação daqueles que a haviam extraído da terra. Comunidades que se encontravam com alguma proximidade da pedreira, com a eminência do choque, evacuaram toda a região, buscando alternativas de proteção, permanecendo na área os pequenos grupos indígenas. Os administradores da pedreira colocaram à disposição dos funcionários e famílias alternativas para voltarem aos locais de origem.

Alguns demonstraram interesse em serem remanejados, o que foi feito de imediato, provendo meios aéreos por helicópteros. Um grupo de 20 famílias deixou a base da pedreira, com destino às suas cidades. O momento fatal chegou, e os residentes daquela área passaram pelos mesmos desafios dos demais em outras áreas protegidas, tudo retornando à aparente normalidade após três horas, apenas o ar parecendo mais puro e o clima mais frio. José Preto tinha conhecimento do que ocorreria e aguardava a apresentação dos processos por LARA, que seria feita nos três ambientes.

O choque do cometa Belém, um evento cósmico que alterou drasticamente a paisagem ao redor das esferas. As consequências desse impacto reverberaram através da Terra Yanomami, deixando sua marca na região. Com a movimentação das placas tectônicas, a costa estava agora a apenas 30 quilômetros da borda da área protegida, uma mudança dramática que desencadeou uma série de desafios e preocupações para todos os envolvidos no projeto da pedreira. Todos reunidos no centro de convivência, por um momento param e ficam estáticos, quando LARA inicia sua apresentação nos mesmos moldes feitos na região marinha, espacial e na base militar, deixando por um momento todos atônitos e buscando freneticamente informações através de seus meios de comunicação, que naquele momento encontravam-se todos inoperantes.

Apenas aos povos originários foi buscada forma diferente de abordagem, considerando que ainda estavam dispersos. Naquela mesma noite, quando todos já recolhidos, ainda digeriam as informações e tentavam visualizar o futuro, José Preto, sentado à frente de sua casa com Elizabete, observando o céu agora limpo e muito estrelado, vendo a lua, linda, brilhante, curiosamente parecendo levemente maior.

À frente de sua casa, um grande bosque, uma movimentação incomum é observada. Criaturas começam a se agrupar, ele pode ver suas silhuetas no escuro, aciona imediatamente todo aparato de segurança e busca se aproximar. Quando se aproximam, um indivíduo com pinturas corporais, aparentemente um indígena Yanomami, toma a frente daquele grupo de pessoas desorganizadas, porém se mostrando muito temerosas e preocupadas, se apresenta como Arutani, chefe do grupo. Pode-se ver crianças, animais de estimação, pertences pessoais, com aspectos de que estavam em jornada de mudança.

Arutani fala em sua língua, porém curiosamente todos conseguem entender, relata que estava junto a sua fogueira na noite anterior, e uma grande formação de fogo se apresentou diante dele. Era Omama, que mandava reunir todos os parentes da sua região, se juntarem e procurar no grande monte, a pedreira, lá buscar um homem branco chamado José Preto e cumprir tudo que ele recomendasse. José já tinha orientação para esta situação, acolheu todos do grupo, 128 pessoas no total, rapidamente separou suas famílias, e destinou uma casa para cada uma, daquelas que estavam disponíveis, e aquelas que estavam com famílias e funcionários que deixaram a pedreira.

Em meio à divina orientação, é esperado que todos os seres se moldem às inéditas condições de existência, sem que se reservem exclusividades ou prerrogativas a nenhum grupo. Com corações e mentes abertos, cada alma deverá se adaptar, acolhendo as novas circunstâncias com igualdade e compaixão, tecendo assim o tecido de uma nova realidade onde a condição humana se renova em harmonia universal.

Na manhã seguinte, já se observava nativos na condução e alimentação de rebanhos, outros se preparando para áreas de cultivos ali existentes, porque além dos serviços da pedreira, dada a distância da localização, as estruturas de plantio e produção de leite e proteínas se tornaram essenciais, e com a familiaridade inata com a natureza, a integração dos nativos seria mais harmoniosa.

Capítulo 17 – Grande Obelisco

Já se passaram mais de 15 dias desde o grande evento, e as populações mostram-se impacientes quanto ao que está por vir.

Em mais uma reunião do conselho, Lara inicia as rotinas formais, apresentando grandes imagens de formações geológicas e informando que estão próximas da área onde aportaram.

Agora, apresenta-se o Conselheiro Menezes, José Menezes, que tem suas raízes na região de Goa, conhecida por sua cultura e influências. Sua linhagem remonta aos tempos da colonização portuguesa, quando se formaram os laços entre as comunidades locais e os colonizadores.

Frequentou a Academia Militar de Goa, onde recebeu uma educação militar abrangente, incluindo treinamento físico, estratégico e tático. Destacou-se como um cadete excepcional, demonstrando habilidades de liderança e dedicação aos serviços, e aos estudos avançados de urbanização e edificações em instituições acadêmicas reconhecidas internacionalmente.

Ele obteve diplomas e certificações em planejamento urbano, design arquitetônico e gestão de projetos de construção, preparando-o para liderar iniciativas de desenvolvimento urbano e infraestrutura em áreas estratégicas.

Menezes complementou sua formação acadêmica com experiências práticas em diversas partes do mundo. Participou ativamente na concepção e implementação de planos diretores, projetos de reabilitação urbana e construção de infraestrutura vital, aplicando suas habilidades técnicas e de liderança para promover o desenvolvimento sustentável e a melhoria da qualidade de vida das comunidades.

Casado com Val, aos 65 anos, cinco menos que Menezes, traz consigo uma vida rica em experiências, conhecimento e uma profunda compreensão da complexidade das relações humanas.

Originária do Canadá, Val cresceu em um ambiente que valoriza a diversidade cultural e o respeito à natureza, o que profundamente influenciou sua visão de mundo e suas paixões.

Após a universidade, expandiu seus interesses pela preservação da cultura e da história, trabalhando em diversos projetos de conservação patrimonial. Sua dedicação não apenas a levou a colaborar com instituições internacionais de renome, mas também a se envolver profundamente em conferências e fóruns dedicados ao diálogo intercultural e à sustentabilidade.

Conheceu Menezes, que se tornaria seu marido, em uma conferência sobre desenvolvimento urbano sustentável. Ele, então um militar em ascensão com uma forte paixão por urbanização e desenvolvimento de infraestrutura, ficou imediatamente cativado pela perspectiva humanista de Val. A conexão foi instantânea, unindo-os em uma paixão compartilhada por fazer a diferença no mundo.

Agora, Menezes, nosso ilustre conselheiro, dará sua vital contribuição para a construção social do novo mundo.

Já é do conhecimento de todos o projeto a desenvolver, com parte já em implementação, mas como manda nosso código, após a explanação, será ratificada a aprovação.

Agora, Menezes toma a palavra e inicia sua explanação.

Como todos já conhecem o projeto, vamos colocar as situações para que seja edificado e concluído no menor espaço de tempo.

Assim, a comandante Helena, já de posse da parte que cabe a suas tropas, iniciará o remanejamento de pessoas, máquinas pesadas e equipamentos para a área definida.

Esta área, muito próxima da nossa localização, teve Lara o cuidado de estender a área de proteção para que agora não tenhamos impactos na fauna dos dois ambientes.

A área especificada no projeto, que já me foi enviado concluído, onde alterações não serão aceitas, parece ser uma região moldada pela natureza.

Um grande platô de rochas sólidas, formadas principalmente por granito e quartzito. Essas rochas resistem à erosão e possuem durabilidade.

Bordas esculpidas ao longo do tempo mostram uma elevação acima do terreno da grande planície à sua frente, de três metros, e se mostra uma superfície muito próxima de plana.

O projeto prevê os alinhamentos de toda área, com polimentos, deixando apenas com uma leve queda no sentido da planície para que veios de água, que serão modelados na estrutura, corram suavemente em direção ao vale.

Na retaguarda do planalto, há uma cadeia de altas montanhas com seus cumes brancos, e a água do degelo desce e circunda o planalto. Veios serão moldados para utilização desta água, que parte passará a correr pela mesa do platô.

A sua volta está criada um parque cujo tamanho é de 3,5 quilômetros quadrados, e ao seu centro serão erguidos quatro grandes obeliscos com dimensões impressionantes.

A cor do granito no piso da elevação é vermelha, tem uma tonalidade bastante perceptível, e polido a um alto brilho, destacará o encanto natural da pedra e criará uma superfície que reflete sutilmente a luz e as formas no céu durante o dia e a noite, criando um efeito visualmente cativante que muda com as estações, o clima e a hora do dia.

Uma base tão extensa feita desse material não apenas servirá como uma fundação física sólida para os obeliscos, mas também como uma declaração artística, destacando o contraste entre as cores, o etéreo e o terreno.

Simboliza a estabilidade e imutabilidade, sugerindo que os obeliscos representam um ideal, memória e poder que é inabalável e perene. Além disso, o granito vermelho, especialmente entremeado com veios de Titanarite, um metal dourado resultado de fusões com material do cometa em altas temperaturas, adiciona um elemento de brilho e reflexividade sutil, criando um efeito visual único sob diferentes condições de iluminação.

A borda do platô, já existente, é em forma de hexágono, não perfeito, porém, assim ficará, e em cada lado serão esculpidas escadas com degraus que levarão até a grande área onde em seu centro se edificarão os quatro obeliscos.

Seus formatos serão de um retângulo com os lados mais longos orientados para cima. A distância entre eles será de cinco metros, o comprimento de 30 metros e a altura de 50 metros.

Entre os obeliscos, haverá corredores pelos quais cada cidadão de Aurora deverá passar pelo menos a cada cinco meses, seguindo um intervalo mínimo de três meses entre cada visita.

A cada 10 metros de altura, serão conectados por meio de uma laje em concreto e aço, sendo a primeira laje com bordas excedentes em cinco metros, o que dá a opção de comunicação com o público no térreo, tendo também ao seu centro uma abertura circular que dá visão à parte inferior e confere condições de ventilação e iluminação natural, conferindo na base, em cada entrada, a aparência de um portal, com seus cantos superiores arredondados.

Com suas faces internas e externas extremamente polidas, onde os reflexos podem ser observados, nas paredes de cada obelisco.

Cada entrada estará alinhada a um ponto cardeal, com sua identificação na borda, no alto da laje, norte, sul, leste, oeste.

Ao passar entre estas paralelas, cada cidadão será identificado de forma automática. Sensos serão atualizados, estado de saúde e exames para posterior orientação.

Na última laje, uma estrutura será desenvolvida para que seja implantado um sistema de transmissão de energia elétrica sem fio, que receberá energia do reator do SS Aurora.

Transmitirá, a curta e longa distância, a receptores. Condições já testadas e aprovadas em outras versões, sistema que já fora sugerido no passado, mas respeitando o livre-arbítrio, e considerando que contrariava interesses comerciais, nada foi finalizado. Agora, o sistema será implantado, observando o interesse da maioria. Também nesta área haverá um heliporto e para-raios potentes, afinal o planeta está muito vivo.

Os universitários da área serão convocados e o sistema será desenvolvido com base em projeto pré-elaborado.

Equipamentos vindos da grande pedreira, como serras horizontais, polidores e máquinas pesadas, grandes sistemas de brocas diamantadas para perfuração e fixação dos blocos, já operam. Já se pode observar que a área se encontra muito próxima de plana e entrará em fase de polimento.

Temos notícias de que os blocos de mármore branco já estão disponíveis. Foram mais de três anos de trabalho intenso na pedreira, dedicação quase que exclusiva na área de lavra para cumprir o prazo e as especificações. Poucos eram semelhantes, todos com códigos próprios e devidamente conferidos por técnicos e geotécnicos para verificação exata e sua codificação.

Antes de serem recolhidos, não se admitiu qualquer tipo de erro, mesmo milimétrico. Espera-se que a colocação deles na montagem dos grandes obeliscos seja de forma exata e tranquila.

O transporte será realizado por helicópteros, os mais pesados pelo Mi-26, considerando que a distância da grande pedreira ao destino dos blocos é próxima de 30 quilômetros.

Guindastes do MV Atlantic já estão sendo remanejados para a área de construção. Acredita-se que com a utilização dos helicópteros para içar os blocos e os guindastes também no içamento de precisão da colocação, darão velocidade na montagem.

Grupos de trabalho já foram selecionados, compostos de soldados, passageiros que a partir de agora se misturam em condições com todos, e parte dos profissionais dos serviços de bordo, serviços estes que também em sua grande parte deixam de ser executados, sendo feitos pelos próprios usuários.

Grupos de engenharia da base militar, com seus equipamentos, caminhões, compactadores de solo, motoniveladoras e perfuradoras, já estão em processo de desmatamento e remoção de vegetação ao longo do traçado da estrada que fora elaborado pela equipe de Nathan, do espaço, buscando as melhores condições de terreno. Esta via ligará a área portuária, pedreira e ao grande obelisco.

A expectativa de conclusão da construção, bem como de toda área circundante, será de 90 dias.

Após concluir, Lara retoma a palavra para apresentar Iraci Acosta.

Apresento a conselheira Iraci Acosta, nossa mestra. Em meio à agitação da Guerra do Paraguai, uma jovem indígena de uma comunidade guarani, profundamente afetada pelos eventos da guerra, testemunhou não apenas a devastação física, mas também a perda de sua família e a desintegração de sua comunidade.

Após o conflito, Iraci foi acolhida por uma missão estrangeira que visava ajudar os sobreviventes. Lá, ela encontrou oportunidades de educação e foi introduzida ao estudo das culturas e sociedades humanas por missionários estrangeiros que reconheceram seu intelecto e curiosidade.

No desejo de entender melhor sua própria cultura e a diversidade do mundo ao seu redor, Iraci se lançou em uma jornada de aprendizado e descobertas. Ela viajou para centros acadêmicos em outros países da região, como Argentina e Brasil, e teve a oportunidade de estudar antropologia com os principais especialistas da época. Enfrentou desafios, preconceitos e adversidades, mergulhou profundamente no estudo das culturas indígenas da América do Sul, explorando questões de identidade, resistência cultural e as interações entre as sociedades indígenas e os colonizadores.

Com o tempo, tornou-se uma respeitada estudiosa da antropologia, usando seu conhecimento para advogar pelos direitos dos povos indígenas e promover a preservação de suas culturas e tradições. Sua jornada não parou aí. Ao longo do tempo, acumulou conhecimentos referentes à formação do Homo sapiens. Conhecidos como os homens sábios, esses ancestrais humanos no mundo antigo não só sobreviveram, mas prosperaram em um ambiente desafiador, moldando o curso da história com sua inteligência, criatividade e habilidades sociais.

Nossa ilustre Mestra Conselheira atuará fortemente na orientação para a integração dos povos originários em nossos grupos, bem como os povos localizados, assemelhados aos historiados como homens da Idade da Pedra

Nova, grupos em grandes números localizados e, embora em pouco tempo de estudos, para sua possível integração.

Nesta reunião também, como manda o protocolo, apresentamos a Dra. Belitta Nowak, de origem polonesa, médica renomada, nasceu em uma família de classe média na Polônia, onde desde jovem demonstrou interesse pela medicina e um talento natural para cuidar dos outros.

Sua família sempre a incentivou a perseguir seus sonhos, apesar das dificuldades enfrentadas durante os tempos turbulentos que precederam a Segunda Guerra Mundial.

Com uma determinação inabalável, Belitta estudou medicina nas melhores universidades da Polônia, dedicando-se intensamente ao seu aprendizado e demonstrando habilidades excepcionais tanto na teoria quanto na prática médica.

Sua paixão pelo bem-estar dos outros e sua ética profissional inabalável logo a tornaram uma figura respeitada na comunidade médica polonesa.

No início da década de 1930, enquanto a Europa estava à beira da guerra, Belitta já havia se estabelecido como uma médica respeitada em Varsóvia. Sua clínica era conhecida por oferecer cuidados de saúde de alta qualidade a pacientes de todas as origens sociais, e sua reputação como uma curadora compassiva e habilidosa só crescia a cada dia.

Com a invasão nazista da Polônia em setembro de 1939, a vida de Belitta mudou drasticamente.

Testemunhando os horrores da ocupação nazista e o sofrimento do seu povo, Belitta sentiu um chamado ainda maior para ajudar aqueles que estavam em necessidade.

Testemunhou o impacto devastador da guerra na saúde física e mental das pessoas e estava determinada a fazer tudo ao seu alcance para aliviar seu sofrimento.

Corajosamente, Belitta dedicou seus esforços médicos para ajudar os necessitados, mesmo sob o risco de perseguição pelos nazistas. Ofereceu tratamento e cuidados médicos a pacientes feridos, doentes e perseguidos, muitas vezes arriscando sua própria vida para fazê-lo.

Sua clínica tornou-se um refúgio para aqueles que buscavam assistência médica e abrigo da violência e opressão nazista.

Apesar das dificuldades e dos perigos iminentes, Belitta Nowak permaneceu firme em seus princípios e compromisso com a humanidade. Sua coragem, compaixão e habilidade médica a tornaram uma figura heroica durante um dos períodos mais sombrios da história polonesa e europeia. Ela personificou os valores da medicina humanitária e do altruísmo, deixando um legado de esperança e inspiração para as gerações futuras. Neste conselho, será uma luz atuante quando se tratar principalmente de saúde.

Capítulo 18 – Spheres no espaço

Nathan permanecia na ponte de comando da Spheres, acompanhando cada etapa do processo com concentração intensa. Ele sabia que o sucesso da missão dependia não apenas da tecnologia da nave, mas também da determinação e do trabalho em equipe daqueles que estavam a bordo.

Nathan sentiu um momento de gratidão pela oportunidade de liderar uma missão tão extraordinária. Ele olhou para a equipe reunida ao seu redor, cada rosto refletindo a determinação e a coragem necessárias para enfrentar os desafios.

A 'Spheres' orbitava a Terra a uma altitude média próxima de 410 quilômetros, mantendo uma velocidade que permitia equipará-la à Estação Espacial Internacional. Cada órbita levava aproximadamente 92 minutos para ser completada.

A ISS e a Tiangong, já desacoplada, porém acompanhada pela Spheres, viajam a uma velocidade média de 28.000 quilômetros por hora (17.500 milhas), permitindo que ela complete uma órbita a cada 90 minutos, pouco mais ou pouco menos, dependendo da inclinação orbital.

A cada órbita, os sistemas de navegação da Spheres são alinhados com os das estações espaciais, mapeando e fotografando minuciosamente toda a superfície terrestre. Esses dados são essenciais para a produção de material cartográfico e de navegação, revelando as características particulares de cada região do planeta. Essas informações são fundamentais para as futuras escolas e bibliotecas.

Elas proporcionam dados fundamentais acerca da geografia de uma região específica e mundial, incluindo particularidades naturais como litorais, rios, enseadas, ilhas, recifes, cruciais para assegurar um percurso seguro e eficaz, disponibilizando informações exatas sobre profundidade, correntezas, marés, riscos à navegação e outras informações pertinentes que auxiliam os navegantes dos mares e dos céus, a projetar rotas, esquivar de obstáculos e tomar decisões.

Sob orientação do Grande Conselho, as estruturas das estações espaciais e naves utilizadas durante a missão estavam sendo desmontadas e armazenadas cuidadosamente. Cada componente era catalogado e embalado, pronto para ser transportado de volta à Terra. Com as novas tecnologias disponíveis, manter essas estruturas no espaço não era mais necessário. Todo o material seria reciclado e utilizado na produção de novos transportes terrestres, contribuindo para a limpeza do espaço e a reciclagem de recursos.

Após a exploração e as descobertas fascinantes no novo mundo, o Capitão Nathan Zhang, com a aprovação do Conselho da Luz, estava se preparando para o retorno à Terra.

Na nave Spheres, a alegria da missão bem-sucedida se misturava à nostalgia do mundo deixado para trás.

Nathan, com sua habitual determinação e liderança, coordenava os preparativos para o retorno. A equipe, agora ainda mais unida após as experiências compartilhadas, trabalhava incansavelmente para garantir que tudo estivesse pronto para a jornada de volta.

Enquanto isso, os engenheiros e cientistas a bordo completavam o mapeamento detalhado da geografia da nova Terra, registrando cada detalhe e descoberta para futuras gerações.

Cada montanha, rio e floresta, ilhas e particularidades da área marinha, tudo era cuidadosamente catalogado, oferecendo um registro abrangente do novo mundo que haviam encontrado.

Cada localização era identificada e mapeadas, e nomeadas com referência do mundo antigo, tudo pelos sistemas de inteligência, desprezando qualquer nome que tinha dedicação a pessoas.

Nos continentes, vastas florestas boreais se estendiam até onde a vista alcançava, suas copas verdes formando um dossel exuberante sobre o solo. Entre as árvores, uma miríade de criaturas coloridas e exóticas dançava e brincava, capturadas pelas lentes das câmeras de alta resolução.

Manadas de animais herbívoros em busca de alimento. Grandes rebanhos de criaturas parecidas com rinocerontes, cavalos, pastavam nas pradarias abertas, fora das áreas de florestas, enquanto predadores elegantes e ágeis caçavam em silêncio, camuflados pela vegetação rasteira.

Grandes cadeias de montanhas majestosas se erguiam em picos nevados, seus vales profundos abrigando uma variedade de espécies adaptadas ao clima extremo, nos continentes do norte e do sul.

Das cavernas escuras e geladas emergiam criaturas estranhas e fascinantes, suas formas e cores adaptadas à vida nas condições mais adversas.

À medida que as imagens eram exibidas nas telas da ponte de comando, a tripulação se maravilhava com a diversidade do novo mundo que haviam descoberto. Cada imagem era uma janela para um ecossistema único e complexo, revelando a incrível capacidade da natureza de se adaptar e prosperar em ambientes diversos.

Enquanto as imagens da fauna e flora dos três novos continentes eram exibidas nas telas da ponte de comando, algo chamava especialmente a atenção da equipe, a presença de grandes animais se alimentando em pradarias verdejantes.

Nos continentes, mamutes, ursos, alces gigantes no Norte, pinguins, focas, albatrozes no Sul, cavalos, lobos, tigres, bisontes, alces, criaturas que havia ou estavam à beira da extinção na Terra antiga, agora vagavam livremente pelos vastos campos, suas formas imponentes um testemunho vivo do ressurgimento da vida em sua forma mais grandiosa.

Curiosamente, passam a observar grupos que lembram os homens pré-históricos que conhecemos como Neandertais, apresentando robustez física, crânios grandes, com testas proeminentes e mandíbulas fortes, com estruturas ósseas maciças.

Se consegue observar uma vida social e cultural, com uso de ferramentas para caçar e coletar alimentos.

Com equipamentos da grande estação espacial chinesa, se consegue captar detalhes, minúsculos e com alta precisão e nitidez, mesmo estando a distância.

Por orientação do Grande Conselho, estudos e registros destes grupos deverão ser realizados, para futuras interações.

Após milhares de anos, um ecossistema restaurado, era evidente que a cadeia alimentar estava restabelecida, com cada espécie desempenhando seu papel vital no ecossistema em evolução.

Enquanto isso, no mar, as grandes baleias deslizavam graciosamente pelas ondas, suas formas gigantescas cortando a superfície da água com elegância. Elas eram os guardiões dos oceanos, símbolos de um ambiente marinho saudável e vibrante, onde cardumes de peixes coloridos nadavam em meio a recifes de coral exuberantes.

Nathan assistia às exibições visuais com reverência e valorização, ciente de que o renascimento da flora e fauna em seu maior esplendor sinalizava esperança para o futuro do planeta e todas as suas criaturas.

Os rios, particularmente, eram um prodígio da engenharia natural. Como as particularidades de um artífice divino, as rotas da água se interligavam de maneira precisa e equilibrada, gerando uma rede intrincada que mantinha a existência em toda a área.

Corriam com uma energia robusta, enquanto os tributários se entrelaçavam pela selva, nutrindo cada sítio e nicho com água pura e vitalidade. Parecia que o próprio solo estava pulsante.

O retorno da vida selvagem às suas formas mais magníficas era um sinal de esperança para o futuro do planeta e de todas as criaturas que nele habitavam.

Ele consegue definir com nitidez da janela da ponte de comando, quando está sobre a área terrestre que fora protegida, a silhueta da realocação, uma imensa circunferência.

Esta definição é possível observando a coloração do verde, com relação ao verde nativo, ao longo das bordas desta área, pode se notar a perfeita conexão dos rios, a correntes existentes, como se sempre tivessem assim dispostas.

Todas as naves acopladas, enviadas na eminência do choque do cometa, foram desconectadas e recolhidas. No saguão de carga, grandes braços robóticos, que se assemelham a grandes guindastes, prendem a ISS, iniciando a operação desmonte, e posteriormente será feito com a Tiangong. Esta operação está prevista para finalização aproximada de 80 dias.

O reposicionamento dos satélites de comunicação, GPS, de monitoramento das condições meteorológicas e climáticas da Terra, restabelecem e passam a fornecer informações, bem como é restabelecido todo sistema de comunicação interpessoal, como redes sociais, porém sem bancos de dados, iniciando tudo do zero.

Enquanto a nave Spheres se preparava para conclusão da missão e retorno à Terra, Nathan sentiu uma mistura de emoções que o impulsionava para um novo capítulo de sua vida. Ao lado de sua Subcomandante, Mei Ling, ele sentia-se completo de uma maneira que jamais imaginara possível.

Em um ambiente formal, Nathan, vestindo seu uniforme militar impecável, posicionou-se diante de Mei Ling com postura respeitosa. Ele segurava uma pequena caixa, sua expressão séria refletindo a importância do momento.

Mei Ling, começou ele, com voz clara e autoritária, nossa jornada até aqui tem sido repleta de desafios que enfrentamos com coragem e determinação, valores que respeitamos profundamente. Você se mostrou não apenas uma companheira, mas uma verdadeira aliada.

Ele fez uma pausa breve, abrindo a caixa para revelar um anel solene.

Diante dos princípios que nos guiaram, e com o respeito mútuo que construímos, proponho agora solidificar nossa parceria. Mei Ling, você aceitaria honrar-me como minha esposa?

Com a formalidade típica de seu treinamento militar, Mei Ling respondeu com uma postura igualmente firme. Sim, Nathan, aceito com honra.

Nathan colocou o anel em seu dedo, um gesto cheio de significado, concluindo a cerimônia de compromisso com um respeitoso aceno de cabeça. Unidos pelo dever e pelo amor, estavam prontos para enfrentar juntos os desafios futuros.

O amor entre eles era uma chama ardente que aquecia seus corações, mesmo nos momentos mais sombrios da jornada pelo espaço.

Nathan compartilha com o grande conselho, por videoconferência, esta decisão importante que tomara. Como sabem, Mei Ling e eu encontramos um amor profundo nesta jornada. E agora, gostaríamos de oficializar nossa união perante os olhos de todos e do grande arquiteto do universo.

Era incomum, até mesmo sem precedentes, para um membro da tripulação se casar durante uma missão, mas Nathan estava determinado a seguir seu coração e honrar o amor que compartilhava com Mei Ling.

Entendemos que as tradições mudaram, continuou Nathan, e gostaríamos de realizar nosso casamento seguindo os códigos dos novos livros, em terra firme, cercados pela natureza que tanto amamos e protegemos.

Que esta união seja um símbolo de esperança e renovação para todos nós, externou a Mestra conselheira Lídia. Tudo faremos para que seja um grande momento não só para os noivos, mas para todos os Aurorianos.

Com um sorriso de gratidão e alívio, Nathan agradece ao Conselho da Luz pela sua aprovação e promete fazer o possível para garantir que o casamento seja uma celebração que todos lembrem para sempre, no início da nova vida, na nova terra.

Em terra, grupos de trabalho se revezam na construção de acessos, montagem de estruturas para armazenamento de grãos. Helicópteros do navio de guerra transportam contêineres do navio de carga para locais pré-definidos, considerando que serão usados inicialmente como alojamentos.

As populações dos navios, com exceção daquelas envolvidas em grupos de trabalho, permanecem confinadas por questão de segurança, com a consciência de que esse processo seria paulatinamente aberto à medida que em terra fosse possível acomodar essas pessoas.

A localização dos navios na costa está próxima à borda da área realocada pela esfera, e uma grande planície se mostra a partir das falésias. Uma área no centro foi reservada para um grande parque central, e à sua volta será edificado o conjunto de habitações.

O projeto de urbanização lembra Paris, na Terra antiga, reorganizada após o ano de 1850, no tempo antigo. Largas avenidas partirão da circunferência central.

O Grande Conselho da Luz decide os próximos passos para reorganizar a sociedade e institui um sistema monetário, onde é adotado o dólar como moeda oficial. Ele era amplamente reconhecido e utilizado antes da devastação, e a grande maioria tem conhecimento do seu antigo poder de compra.

É preciso assegurar a regulamentação de seu uso, garantindo justiça para todos, além de criar mecanismos para supervisionar e estabilizar a moeda. Haverá um período de transição em que outras formas de moeda ainda circulam, mas são gradualmente substituídas pelo dólar.

Em vez de notas e moedas físicas, o sistema monetário é baseado inteiramente em moeda digital. O dólar continua sendo a unidade de conta, mas agora existe apenas na forma eletrônica, armazenado em sistemas de computador seguros.

Os cidadãos receberão carteiras digitais que funcionarão como suas contas bancárias, permitindo-lhes armazenar, enviar e receber dólares virtuais. Essas carteiras podem ser acessadas por meio de dispositivos eletrônicos, como smartphones, tablets ou computadores.

O sistema monetário digital é projetado para garantir a inclusão financeira de todos os cidadãos, independentemente de sua localização geográfica ou status socioeconômico. Programas de educação financeira serão implementados para garantir que todos compreendam e se beneficiem do novo modelo.

Com esses ajustes, o sistema monetário digital se torna uma parte integral do mundo moderno, refletindo os avanços tecnológicos e a adaptação à realidade contemporânea pós-devastação.

O Sistema Financeiro irá elaborar índices de custo que espelham a média dos valores dos produtos e serviços em diferentes setores da economia antes do evento catastrófico. Esses índices servem como referência para determinar os preços no novo mundo, controlando-os para que a inflação ou deflação acentuada seja corrigida.

Esses mecanismos asseguram que os preços no mundo moderno sejam justos e razoáveis, levando em consideração as condições econômicas anteriores à devastação. Isso ajuda a manter a estabilidade econômica e a facilitar a transição para a nova realidade.

Os salários e aposentadorias serão mantidos pelo tesouro do império, garantindo que todos os cidadãos permaneçam em condições econômicas semelhantes às que tinham antes da devastação. Os vencimentos de todos os trabalhadores são indexados à média dos rendimentos prévios à devastação. Isso significa que, independentemente da profissão ou ocupação, os trabalhadores receberão um salário que reflita o padrão da vida anterior.

O tesouro do império emitirá pagamentos regulares para os cidadãos, garantindo que recebam seus salários de forma consistente e previsível. Isso ajuda a manter a estabilidade financeira e a confiança na economia. A manutenção dos salários em níveis prévios à devastação protegerá o poder de compra, permitindo que continuem a adquirir bens e serviços essenciais, que na maioria, ao longo dos meses, serão restabelecidos.

Além dos salários, o tesouro do império fornecerá benefícios adicionais, como assistência médica, educação e habitação, para garantir que todos os cidadãos tenham acesso a condições de vida dignas.

O Tesouro institui um programa de renda civil para prover uma fonte de renda constante para aqueles que não possuíam salário, incluindo indivíduos com deficiência e outros em circunstâncias análogas. Esse programa ajuda a garantir que todos os cidadãos tenham um padrão de vida digno, independentemente de sua situação de emprego.

Aos dependentes químicos, será fornecida a substância necessária, cuja carência será detectada de forma discreta ao passarem pelos obeliscos. Essas substâncias serão entregues diretamente em seus domicílios, preservando o mais absoluto sigilo. Contudo, esses indivíduos serão monitorados e avaliados cuidadosamente, com o objetivo maior de ajudá-los a romper as correntes da dependência.

No navio de carga, foi descoberto um volumoso carregamento clandestino de drogas, que seguia à Europa, em quantidade suficiente para suprir as necessidades dos dependentes por vários anos. Esse achado, embora perturbador, será redirecionado para um propósito mais nobre: alimentar um esforço coordenado e incansável para desenvolver programas e tratamentos que libertem esses indivíduos da escravidão das substâncias.

A abordagem será compassiva e estratégica, um farol de esperança para aqueles aprisionados nas sombras da dependência, buscando sempre a redenção e a liberdade através de um caminho de cuidados e tratamentos humanizados.

Faz 30 dias do grande evento, e os pescadores, que aguardavam o retorno ao mar, estão prontos para retomar suas atividades pesqueiras. Nas vastas escarpas, as embarcações de pesca oscilam nas águas serenas, enquanto os pescadores se preparam para a viagem, redes são arrumadas, anzóis são verificados e suprimentos são carregados a bordo.

Entre os pescadores, mistura-se determinação, com uma ponta de expectativa. Eles haviam passado por tanto desde a devastação, e agora finalmente têm a oportunidade de voltar ao seu ofício, de retomar uma parte fundamental de suas vidas e sustento, no entanto, não sabem o que esperar.

Ao final do dia, constata-se que o pescado não difere muito do que já conheciam, mostrando que fora um dia muito bom de pesca. Tudo pesado e classificado, o produto do trabalho é recolhido aos frigoríficos do SS Aurora, e já recebem seus créditos em forma digital. Grande parte dos contêineres com cargas, que estavam no convés do MV Atlantic, já haviam sido içados e removidos para locais previamente determinados, para que fossem usados como alojamentos, as pessoas envolvidas nos projetos de reconstrução. Seus conteúdos foram reorganizados e setorizados nas dependências do navio de carga.

O Capitão Cesar indaga ao conselho, através de Lara, por que tudo o que se precisa está no navio? E tem a resposta, o Grande Conselho esclarece que cada detalhe de carga que está no navio fora previamente requisitado, desde um pequeno prego até os grandes guindastes; tudo fora programado, as aquisições por empresas, sem que soubessem a real finalidade destas máquinas e produtos, se não como começaríamos de novo, não teríamos uma base para o reinício. Agora, técnicos, cientistas, operários se juntarão em um grande centro de pesquisa e produção, para que sequências de produtos, mesmo os mais singelos, possam ser fabricados.

A construção das quatro grandes torres já passa de 20 metros de altura, tendo sua primeira laje já finalizada, e já se mostra a grandiosidade do que será sua finalização. Já é possível ver que suas paredes externas mostram textos esculpidos a laser, em letras bastante visíveis, e na parte térrea, polimentos do mármore seguem de forma acelerada.

As equipes do estaleiro Oceanus Shipyards, que foram responsáveis pela construção do SS Aurora, e que foram presenteadas por Yuri com a viagem de cruzeiro, junto a suas famílias, agora trabalham na desmontagem de parte do imenso navio, tendo seu complexo aquático já todo desmontado e transferido para o extenso jardim central, que após alocado deu-se a impressão de que fora projetado para aquela área.

O grande contingente de pessoas, com disponibilidade para execução dos trabalhos, agiliza a conclusão destes projetos. Associados aos operários do estaleiro, se agregaram mais de mil trabalhadores, o que fez com que a conclusão do remanejamento do parque aquático ocorresse de forma muito rápida.

Três grandes fazendas, foram planejadas, dentro da circunferência da área protegida, onde a grande floresta, encontra-se em fase, de corte, tendo suas grandes árvores, cortadas e direcionadas as processadoras de madeiras, produtos que serão vitais nas construções necessárias, em suas posições grandes pastagens são preparadas.

O corte acentuado de árvores, nesta região, não se faz por depredação, e sim por necessidade da madeira e por considerar que com o novo clima, elas não se adaptariam.

Contudo, grupos de botânicos, restauradores ecológicos, com acompanhamento de Lara, visitam áreas nativas nas bordas da circunferência, coletando mudas e sementes para replantio, de variedades adaptadas ao novo clima.

Nestas fazendas, infraestruturas já estão disponíveis, e os grupos de animais, bem como equipamentos agrícolas que se encontravam no navio de carga já foram direcionados, e veterinários e profissionais, responsável pelos cuidados.

Também foi remanejado todo sistema de alimentação, considerando que por um tempo terão esta dependência.

No Grande Platô, multidões trabalham de forma incansável, para concluir todo planejamento no prazo estipulado, com mais de 60 dias de trabalho, as quatro grandes torres se aproximam da conclusão estrutural, ficando ainda pendente as formas de acabamento.

Observa-se grandes grupos em todas as direções, as avenidas que circundam o grande parque já estão prontas e pavimentadas, são muito largas, e adornadas com pinheiros e bétulas.

Da avenida que circunda o parque, saem três grandes avenidas, todas ligando as três fazendas, com cruzamentos de vias, dando acesso à área militar e ao grande complexo da pedreira.

As primeiras quadras circundantes estarão reservadas a escolas, laboratórios, centros de pesquisas e universidades; a partir da segunda quadra, a moradias.

Ao pé das grandes montanhas, com frente para os obeliscos, pode-se ver uma construção que chama muita atenção, e vem sendo edificada de forma muito rápida. Assemelha-se a um castelo, porém com traços modernos.

Olhando de perto, vê-se em pleno desenvolvimento duas grandes impressoras 3D, seguida de outras três menores. As grandes desenvolvem as paredes externas, enquanto as pequenas toda alvenaria interna, e já se observam grandes salões, salas e dependências domésticas.

De seu pátio frontal, parte uma via que liga diretamente aos obeliscos, toda em granito, ladeada por uma fina lâmina de água corrente, e com cerejeiras a cada cinco metros. Pena que ainda não estão floridas, mas será um espetáculo fascinante quando acontecer.

Aparenta ser projetada para acomodar um monarca e sua família, mas todos que trabalham no projeto não têm conhecimento a que se destina.

No complexo da grande pedreira, em sua área agrícola, se preparam para a grande colheita, uma extensão de terra muito grande que havia sido preparada com cultivo de arroz, milho e cana-de-açúcar, o que dá muita satisfação a José Preto, ele sabe que estas culturas sofrerão alterações, considerando o novo clima.

No grande platô, uma área é reservada, e nela foi remanejada toda a estrutura de apresentações que o SS Aurora possuía, formando um palco majestoso, com forma semicircular, para acomodar 300 cantores que comporão um grande coral no dia em que os obeliscos serão abertos a todos. Abaixo do palco, em outro nível, espaço adequado para uma orquestra sinfônica com 100 membros.

Para surpresa do comandante Cesar, um contêiner, após alerta de Lara, tinha toda indumentária necessária aos músicos e coral, e outro, todos os instrumentos necessários para a orquestra. Essas mercadorias haviam sido encomendadas pela Orquestra Filarmônica de Viena e para seu coral Wiener Singverein, que, embora tivesse menos de 300 membros, 300 trajes formais foram encomendados.

Lara consulta suas informações e seleciona as 100 pessoas adequadas e com conhecimento musical para iniciar os ensaios. Todos os instrumentos foram revisados por cada músico, que passaram a ter seus alojamentos próximos.

Para a regência da Orquestra Filarmônica de Aurora, foi convocado Ferdinando Mendoza, um renomado regente e maestro, conhecido por sua paixão pela música clássica e sua habilidade em inspirar músicos a alcançar seu máximo potencial.

Com formação em música desde a infância, estudou regência em algumas das principais instituições musicais do mundo. Acumula uma vasta experiência como regente, tendo conduzido diversas orquestras.

Ele é capaz de extrair o melhor de cada músico, incentivando a excelência técnica e a expressão emocional em cada performance. Sua energia contagiante no pódio transmite-se à orquestra, criando performances emocionantes e memoráveis.

Mendoza é verdadeiramente um líder visionário na cena da música clássica contemporânea, e sua dedicação à excelência artística e à comunicação emocional através da música o torna uma figura inspiradora no mundo da regência orquestral.

Também usando o seu sistema de seleção, Lara encontra Maria Aparecida da Silva, conhecida como Cidinha. Nascida em uma pequena cidade do interior do Sudeste brasileiro, Cidinha sempre teve uma paixão pela música desde pequena.

Ao longo dos anos, acumulou uma vasta experiência como regente coral em diversas instituições e comunidades em todo o país. Ela liderou coros em escolas, igrejas, universidades e grupos comunitários, sempre compartilhando sua paixão pela música e inspirando outros a descobrir o poder transformador do canto coral.

Liderar um coro de 300 vozes será um grande desafio. Além de suas atividades como regente, também esteve envolvida em projetos educacionais e sociais voltados para a promoção da música coral em comunidades.

Parece que Maria Aparecida é uma figura importante na comunidade coral, e sua seleção pelo sistema Lara é um reconhecimento de seu talento e dedicação à música. Com sua liderança, o coro de 300 vozes continuará certamente a prosperar e inspirar muitas pessoas através da música.

Distribuiu a partir dos ensaios as 300 vozes no grande palco, iniciando pelos sopranos na parte central e frontal do palco, divididos em duas seções à esquerda e à direita do maestro.

Os contraltos, posicionados atrás dos sopranos, formando uma camada intermediária no palco, divididos em duas seções à esquerda e à direita para criar uma sonoridade envolvente. Depois, os tenores nas laterais, baixos na parte traseira.

A regente Cidinha se posiciona ao centro do palco, de frente para os cantores, para uma comunicação clara e eficaz, assim vão se preparando para o grande dia da apresentação aos habitantes de Aurora.

Capítulo 19 – Criação do Império

No conselho, Lara apresenta a Mestre Conselheira Nathalia Eren, 18 anos, vinda do Paquistão.

Natalia nascera e crescera no Paquistão, em uma pequena aldeia cercada por montanhas e vales exuberantes. Desde cedo, fora exposta às complexidades e dificuldades de viver sob sistemas de governo opressivos e instáveis. Sua família, composta por seus pais e dois irmãos mais novos, sempre lutara para sobreviver em meio à corrupção, à violência e à pobreza.
Aos 10 anos, Natalia testemunhara a brutalidade do regime ao ver seu pai ser preso injustamente por protestar contra as condições de vida na aldeia. Esse evento marcara profundamente sua infância e a fizera amadurecer rapidamente. Com a ausência do pai, Natalia assumira muitas responsabilidades domésticas e ajudara sua mãe a sustentar a família.

Apesar das dificuldades, Natalia nunca desistira da educação. Ela frequentara uma escola comunitária local, onde se destacara como uma estudante brilhante e determinada. A educação era sua válvula de escape e a única esperança para um futuro melhor. Contudo, frequentar a escola não era isento de riscos; havia constantes ameaças de grupos radicais que se opunham à educação feminina.

Era resiliente, corajosa e incrivelmente determinada. Suas experiências de vida a tornaram empática e compassiva, sempre disposta a ajudar os outros, mesmo quando ela própria enfrentava adversidades. Ela possuía uma inteligência aguçada e uma paixão por aprender, o que a tornava uma líder natural entre seus pares.

Sonhava em ser uma defensora da educação e dos direitos humanos. Seu objetivo era estudar direito ou ciências políticas, com a esperança de um dia poder retornar ao Paquistão e lutar por reformas que beneficiassem as futuras gerações. Ela queria criar um mundo onde as meninas pudessem ir à escola sem medo e onde a justiça prevalecesse.

Neste conselho acompanhará todos os processos educacionais.

O grande salão estava repleto de expectativa, a luz suave das esferas criava um ambiente quase cerimonial, enquanto os membros do Conselho da Luz tomavam seus lugares com uma serenidade reverente. No centro, o Sistema Lara presidia.

Após a ritualística inicial, na qual símbolos projetados em hologramas flutuantes e uma melodia suave permeava o ar, o sistema Lara finalizou o momento com uma declaração formal, que a sabedoria prevaleça em nossos propósitos. Com um sinal sutil, Lara passou a palavra à Conselheira Lídia, conhecida não apenas por sua liderança em saúde, mas também por sua habilidade em administrar cerimoniais com graça e eficácia.

Lídia levantou-se, seu porte era calmo e sua expressão resoluta. Lançou um olhar abrangente sobre seus pares, conectando-se com cada membro antes de começar a falar.

Caros membros, falo para este conselho, mas o que tenho a dizer será propagado para toda a comunidade deste novo mundo. Serão usados todos os sistemas de informação, os canais de TV que Lara mantém ativos, as redes sociais, e em situações em que estes meios não puderem ser utilizados, a comunicação neural.

Assim começou Lídia, sua voz clara e firme ressoando pelo salão. Hoje, nos reunimos sob a égide da Luz, não apenas para refletir sobre nossos progressos, mas para reafirmar nosso compromisso com a administração e continuidade dos sistemas de controles. A porta se abrirá e iremos receber um novo integrante do conselho, contudo continuaremos com 12 membros.

Observaram que ao chegarem, o décimo terceiro cabide que sempre se achava sem roupas, e nele viram uma nova indumentária, semelhante às nossas. Para que nosso conselho continue com 12 membros, alguém terá que deixá-lo. Esta informação fora mantida em sigilo a pedido de Lara, razão pela qual a desconhecem. Como rotina, nossas deliberações procedem de conhecimento dos assuntos a serem aprovados ou discutidos.

Assim, com toda solenidade, apresento aos meus ilustres pares o Rei de Aurora, Noah. Este título e responsabilidade foram conferidos a ele pela deliberação do próprio Criador, que há muitos anos lhe confia tarefas de grande importância, sempre recompensadas com sua dedicação e obediência inabaláveis.

Os poderes de Noah serão regidos e limitados pelo sagrado Livro da Luz, e suas atribuições, que ele conhece bem, estão em perfeita consonância com os ditames desse venerável texto.

De igual modo, anuncio que Nicolai deverá começar sua preparação para uma futura sucessão. Embora esta transição esteja prevista para ocorrer apenas em um futuro distante, é imperativo que desde já se inicie o processo de aprendizado e maturação necessários para assumir tão grandiosa responsabilidade.
Essa preparação é fundamental e faz parte do planejamento estratégico a longo prazo. Da

mesma forma, em breve, será necessário iniciar o preparo de Lara e Maria Madalena para os desafios que enfrentarão no futuro.

Que a sabedoria ilumine nossas decisões e a união fortaleça nossa jornada. Que possamos erguer uma perspectiva promissora para Aurora e para todos os seus habitantes. Vida longa ao Rei Noah! Assim começa uma dinastia no planeta de Aurora.

Seus auxiliares deverão ser indicados e aprovados pelo conselho, não podendo ser substituídos por um período mínimo de cinco anos. Em cerimônia, nas torres da luz, quando de sua apresentação aos nossos irmãos de Aurora, todo o sistema será empossado. Porém, após cada aprovação, estes já poderão estar montando suas equipes e iniciando os trabalhos.

Lídia encerra e, com cumprimento a Noah, com uma leve inclinação, e a expressão Vossa Majestade Rei Noah, volta a sua posição habitual.

O Rei Noah levanta-se, observa atentamente todos os companheiros, e dirige-se à porta. Antes de abri-la, se volta à grande mesa, fazendo uma reverência profunda.

O abrir a grande porta depara-se com Catarina, pronta para entrar na sala vestida de forma muito elegante. Com um grande sorriso, ela dá um longo abraço em Noah. Em seguida, dirige-se ao cabide, veste sua indumentária e aproxima-se da mesa assumindo o lugar onde Noah estava posicionado.

Com os doze membros todos de pé ao redor da mesa, Noah faz novamente uma inclinação em reverência, seus olhos ficam em lágrimas, um sorriso triste, e passa pela porta, fechando-a atrás de si.

Catarina ergue-se com a elegância de quem carrega consigo a história de uma vida já trilhada. Seu olhar perpassa os presentes, transmitindo a serenidade daqueles que têm as palavras certas no momento oportuno. Minha trajetória já é conhecida por muitos aqui presentes, começa ela, mas há entre nós uma

Mestre Conselheira cuja apresentação formal ainda se faz necessária.

Dirige então o olhar para Lídia, uma figura marcante na sala. Lídia, continua Catarina, uma carioca de alma e essência, com seus 45 anos de experiência e sabedoria. Nasceu sob o sol radiante do Rio de Janeiro, uma cidade que, apesar de seus encantos, já testemunhou tempos sombrios.

Lídia, carinhosamente chamada de Lidinha, ergue-se na memória coletiva como uma heroína das páginas mais desafiadoras da história carioca. Nos tempos tumultuados do século XIX, quando a febre amarela varreu as ruas da cidade, ela esteve lá, incansável em defesa dos moradores.

Diante das epidemias que assolaram o Rio, continua Catarina, Lídia emergiu como uma força da natureza, como relatos de outra Lídia no Novo Testamento, seu compromisso com o bem-estar coletivo e sua coragem diante dos desafios são exemplos que ecoam através dos séculos.

auxiliando as autoridades locais no combate aos flagelos que assombravam suas ruas. Lídia mostrou grande hospitalidade e apoio, fornecendo-lhes um lugar seguro e acolhedor para ficar.

Depois desta apresentação, todos do conselho se levantam. Lara observa que o Grande Conselho sempre estará em reunião, porém em outro plano.

As esferas iniciam movimentos circulares, luzes leves passam a adornar o ambiente e pode-se observar as doze posições transformando em luzes suaves, de cores diversas, que passam a circular o ambiente e desaparecem.

Lara, com um ruído muito leve, apaga todo o grande salão, que agora se mostra sem vida, lembrando um salão comum.

Do centro
da praça, as torres erguiam-se majestosamente, construídas com grandes blocos de mármore sobrepostos, cada uma exibindo a habilidade incomparável de combinar beleza eterna com

inovação arquitetônica. A cada dez metros de altura, lajes de concreto e aço intercalavam-se entre os blocos de mármore, conferindo às estruturas uma resistência formidável e uma estética de força e durabilidade.

Cada torre exibe um tamanho monumental, com 30 metros de comprimento e largura, e uma altura de 50 metros. É possível visualizar as cinco lajes em concreto e aço, acabadas e espelhadas, refletindo a luz solar. Vãos abertos entre as torres em certos níveis formam corredores de ventilação, permitindo a livre circulação do ar. Isso também proporciona vistas panorâmicas, interligando visualmente os espaços.

Entre as torres, uma área comum se estende, uma confluência de espaços abertos e salas de utilidade que incluíam alimentação e higiene, preparadas para acolher o fluxo constante de visitantes. Embora o acesso ainda estivesse restrito, a antecipação pelo evento de inauguração no dia seguinte enchia o ar de expectativa.

Com a chegada da noite, o ensaio das iluminações começava. Cada torre, por sua vez, era banhada por luzes que destacavam suas características únicas, transformando o complexo em uma exibição luminescente que contrastava vivamente com a escuridão celestial. A interação entre as luzes e as sombras criava um efeito quase místico, envolvendo o espaço em uma atmosfera imponente e encantadora.

Esta visão noturna celebrava um feito arquitetônico notável. Simbolizava a harmonia entre o antigo e o novo, o natural e o construído, destacando-se como testemunho vibrante do espírito indomável de Aurora.

Na segunda laje, destaca-se a grande mesa com suas cadeiras. É a única mobília no amplo espaço. Grandes elevadores conectam as lajes, apenas a segunda possui um elevador privativo e pequeno, que não serve os demais andares.

A capacidade calculada na área térrea, abaixo da primeira laje, é para 8.000 pessoas ao mesmo tempo, de forma confortável em seus espaços internos, na área circundante é para mais de 100.000 pessoas.

Restaurantes e outras estruturas de alimentação do SS Aurora já se instalaram ao longo do parque, e os últimos preparativos se aceleram para atender a todos que visitarem, levando seus estoques ainda remanescentes para venda.

O Capitão Cesar, agora como Ministro de Abastecimento e Logística, coordena todos os comércios que se dispuseram a se estabelecer no grande parque, com a expectativa de se fixarem em terra.

Lara se encarregou de convidar todos, os próximos e os mais distantes. Condições de transporte foram organizadas e acredita-se que todos que decidirem comparecer não tenham dificuldades.

Criou e disponibilizou uma rede social através de seus sistemas de forma recreativa, onde todos podem participar e já estão cadastrados.

Próximo da encosta, ao fundo das grandes torres, nota-se uma grande construção. Lembra uma estrutura de castelo, mas moderna e pronta. Seus novos moradores, Noah, Sofia e Nicolai, já se instalaram. Juntamente a eles, sua adorável cachorra de porte médio, Fiona, sem raça definida, mas muito amada pela família.

A mobília e a infraestrutura doméstica e de serviços da área do SS Aurora foram remanejadas. Incluíram também um grupo de militares para guarda, designado por Helena. Agora como General de segurança em terra, ela comanda o exército de Aurora e todas as forças terrestres. Embora não seja um grupo numeroso devido à falta de necessidade, Helena sempre exige prontidão.

O clima apresenta diferenças, com temperaturas baixas e maior umidade. Lara dá orientações sobre precauções necessárias. Ela destaca que Sofia organizou previamente a distribuição de estoques de roupas térmicas e acessórios. Estes itens, disponíveis no grande navio cargueiro, foram recebidos por todos.

Para muitos, é a primeira experiência com este clima. Os picos das montanhas parecem mais brancos do que nos dias anteriores. Na imagem transmitida por Nathan, é possível ver o cume do Monte Roraima, com sinais de gelo. Uma visão magnífica.

Seu topo é caracterizado por uma grande área plana, pontuada por formações rochosas espetaculares, pequenos vales e rios que aos poucos vão desaparecendo. Grande parte da área já se encontra coberta de neve.

No grande parque, em cada torre, nas suas paredes externas, nos quatro obeliscos, pode-se ler palavras gravadas a laser em tamanho grande com marcas profundas, Liberdade, Igualdade, Fraternidade

Ao entrar, em cada acesso, pode ser encontrada a mesma mensagem gravada em pedra, de forma que todos ao ingressarem nos espaços não o façam sem que tenham que passar pela gravação, que mostra o seguinte texto,

Desejo que explores o mundo e te entregues à vida que concedi. Que te extasies diante de todas as maravilhas que criei para ti. Abandona os templos sombrios e gélidos; não os ergas acreditando que ali resido com a minha essência. Encontra-me nas montanhas majestosas, nas florestas ancestrais, nos rios e nos mares imponentes, no sopro do vento e na suavidade da chuva. É nesses lugares que manifesto o meu amor por ti. Não busques por mim fora de ti mesmo! Não me encontrarás. Descobre-me dentro do teu próprio ser, onde habito em toda a minha plenitude.

A noite chega, e o reflexo da lua se torna bem destacado na superfície espelhada do obelisco, posicionado de tal forma que parece ter sido projetado assim, espalhando seus raios em diversas direções, um espetáculo separado de grande harmonia.

Na manhã seguinte, muitas pessoas envolvidas na preparação do evento passaram a noite no parque, apesar do frio. Agora, as apresentações de testes das bandas nos palcos secundários começam. Músicas de Bob Marley, um ícone importante do reggae, e Coldplay, podem ser ouvidas, mostrando a participação de jovens no evento.

A tarde chega e o roteiro oficial inicia às 18 horas, sob a supervisão do Capitão Marcus Vinicius. Agora Ministro de Administração Geral, ou primeiro-ministro, ele tem a parceria do Capitaine de Vaisseau Antoine, General da Marinha de Aurora.

Uma multidão de mais de 80.000 pessoas se reúne, com olhares fixos no céu noturno. As estrelas cintilam acima, pintando o cenário com sua luz suave, enquanto a expectativa paira no ar como eletricidade estática.

À medida que o tempo passa, uma silhueta imponente começa a se destacar contra o fundo escuro do firmamento. Primeiro, é apenas uma sombra distante, indistinta e misteriosa, mas à medida que se aproxima, os contornos da nave espacial se tornam definidos.

Uma onda de murmúrios percorre a multidão enquanto as pessoas apontam para o céu, indicando para a majestosa embarcação que se aproxima lentamente. As luzes brilhantes iluminam o parque, mas são ofuscadas pela magnitude da nave, cujo tamanho desafia a compreensão.

À medida que a nave desce em direção à Terra, seu casco polido reflete a luz das estrelas, criando um espetáculo deslumbrante que deixa todos boquiabertos. A escala da nave é impressionante, sua presença dominando o céu noturno com uma presença quase divina.

Os corações dos espectadores batem mais rápido enquanto a nave paira majestosamente sobre os quatro grandes obeliscos, criando uma imagem que será gravada na memória deles para sempre. É um momento de conexão profunda entre a humanidade e o desconhecido, um momento em que as fronteiras entre o passado e o futuro se desvanecem diante da vastidão do universo.

Enquanto a multidão observa maravilhada, uma sensação de admiração e reverência enche o ar. É como se, por um breve momento, o tempo parasse, e todos se unissem em um único pensamento, o futuro está diante de nós, e juntos, podemos enfrentá-lo com coragem e esperança.

E assim, no grande parque de Aurora, sob o brilho das estrelas e a sombra da nave espacial, a humanidade testemunha o início de uma nova era.

Enquanto a imponente nave paira sobre os quatro grandes obeliscos, uma escotilha se abre em seu ventre, revelando uma linha de quatro enormes helicópteros Sikorsky, com 120 pessoas a bordo destes.

Cada helicóptero é uma maravilha de engenharia, suas lâminas cortando o ar com um zumbido baixo e poderoso. Da aeronave líder, ao aterrizar, surge Nathan, atualmente general das forças aéreas e espaciais de Aurora, acompanhado por Mei Ling, presente comandante da nave Spheres. Vestidos em trajes militares, agora com as cores oficiais de Aurora.

Apenas Mei se apresenta com um vestido que lembra uma vestimenta oriental, tem seu rosto coberto por um longo véu. Às 18 horas, o Maestro Ferdinando levanta a batuta, e o primeiro sinal sonoro pode ser ouvido.

Em uma rampa preparada que segue à frente da grande orquestra, divisando o coral, Nathan e Mei, de mãos dadas, seguem em um ritual que fora programado.

Podem-se ouvir os acordes do Sonho de uma Noite de Verão (Op. 61), a Marcha Nupcial de Mendelssohn. Agora o coral desenvolve efeitos sonoros de vozes, acompanhando a execução da música instrumental.

No final da rampa, um grupo de sete religiosos, que passaram os últimos meses meditando e se moldando às novas orientações, os recebe e, seguindo os ensinamentos do livro sagrado, o Livro da unidade, administra a cerimônia de casamento.

A ritualística é muito simples, os anciões fazem leitura de um trecho do livro sagrado e o explicam. Em seguida, os noivos trocam alianças, fazendo um compromisso formal de respeito.

Em seguida, o coral e a orquestra iniciam a execução de Hallelujah Chorus, composto por George Frideric Handel. A música em si é uma composição coral poderosa e emocionante.

Os noivos deixam a cerimônia, agora casados, e dirigem-se para a primeira laje das grandes torres. Lá já se encontram os demais ministros de Aurora, junto com suas esposas ou maridos.

Luiz, Ministro coordenador dos programas de Ciência e Tecnologia em todos os seus estágios; Estela, Ministra da Educação, coordenadora de todos os sistemas de ensino; e Gina, da Saúde.

Todos vão se colocando de acordo com um cerimonial programado. Enquanto isso, todos podem aproveitar da potência das 300 vozes coordenadas por Cidinha e dos acordes administrados por Ferdinando.

Agora se organizando as autoridades no primeiro pavimento das grandes torres, maravilhados, ouvem a execução de O Fortuna, uma das mais famosas da obra Carmina Burana, composta por Carl Orff.

Após o término da execução de O Fortuna, todas as luzes acesas em toda a extensão do parque e palcos se apagam, e pode-se observar apenas lanternas de celulares.

De repente, no segundo pavimento, podem-se notar luzes de cores diversas em movimentos circulares. Neste pavimento está a grande mesa do conselho, e as luzes que se observam são emanadas pelas esferas.

Nos obeliscos, movendo-se com reflexos nas partes espelhadas das quatro grandes torres, podem-se observar os movimentos de 12 grandes luzes que partiram da área da grande mesa e permaneceram assim por três minutos. Depois, desaparecem, fazendo os minutos passados parecerem uma eternidade.

Após um período, a nave Spheres emite fortes luzes, clareando todo o parque. Na alameda que leva ao castelo atrás dos obeliscos, militares uniformizados se posicionam como uma guarda real. Ao som de uma tocata, eles iniciam sua marcha com trombetas.

Surge um corredor, a porta da grande construção se abre. Uma carruagem emerge com Noah, Sofia e Nicolai como passageiros. Eles seguem com velocidade cerimonial até as grandes torres, a apenas 1,5 km de distância. Ao longo do caminho, trombetas podem ser ouvidas enquanto a carruagem avança.

Chegam à base das torres, se dirigem ao elevador específico e sobem até o primeiro pavimento, onde são recebidos pelos ministros. Neste momento, o coral e os músicos iniciam a execução de Only Time de Enya.

Todos os presentes se voltam para a sacada do primeiro pavimento e podem observar Noah, com seu traje do Conselho. Junto com Sofia, se aproxima da borda para que pudessem ser vistos.

Assim que a música termina, Lara começa a falar através do sistema de domínio para que todos possam ouvi-la claramente. Ela menciona que os meios eletrônicos fornecem informações diárias sobre os rumos da nova vida.

Desta feita, diz ela, todo cerimonial dedica-se principalmente a comunicar a decisão do Grande Arquiteto, que cria o Reinado de Aurora, cujos domínios abrangerão todos os territórios da Terra.

Lara faz uma pausa breve. O cerimonial dos Guardiões da Coroa se apresenta ao rei. Ele se aproxima do detentor do diadema, uma tiara simples feita de Titanarite. Sofia se ajoelha e o rei coloca a coroa em sua cabeça. Levantando-a, ele a conduz pelas quatro plataformas das torres, para ser vista por todos.

Logo após retornar ao ponto inicial, Sofia se aproxima da pessoa que detém o outro diadema. Ela pega o objeto e caminha em direção a Noah, que se ajoelha. Sofia então coloca o diadema na cabeça de Noah. Este é feito do mesmo metal e é um diadema real simples. Representa de forma elegante o status de realeza, com seu formato básico de arco. Na parte frontal, há três esferas que representam os três continentes.

Do centro da praça, as torres surgiam majestosas. Eram construídas com grandes blocos de mármore sobrepostos.

E assim, com o eco das vozes da multidão ainda pairando no ar, o rei emerge no balcão da grande torre, saudando seu povo com um sorriso radiante, o fazendo nos quatro lados.

As lágrimas de emoção brilham em seus olhos ao testemunhar o amor e a devoção sinceros de seus súditos, sabendo que, enquanto tiver seu povo ao seu lado, ele nunca estará sozinho em seu reinado.

Ele inicia a comunicação com seu povo. Na primeira ordem, dirige-se a todos, indicando a planície à frente. Nesta região, pontua a abundância de oliveiras e macieiras. Assegura que, se encontrarem maçãs, podem comer à vontade. Reafirma que não é pecado e finaliza com um grande sorriso.

No grande palco, inicia-se a execução de Now We Are Free de Hans Zimmer e Lisa Gerrard.

A cerimônia avança para o encerramento, hasteando quatro bandeiras de Aurora em cada torre. As bandeiras apresentam fundo branco, três listras azul claro, duas menores e uma grande abaixo. No canto superior esquerdo, há uma representação do sol, simbolizando a liberdade.

A orquestra inicia a execução de God Save the King, acompanhada pelo coral. Todos se colocam em posição de respeito e assim termina o evento. Todos aguardam a saída da família real e, em seguida, começam a deixar o espaço.

Os passageiros dos helicópteros se dirigem para eles e rumam sentido nave, uma vez que se faziam necessários na operação de retorno à base, junto seguem o casal Nathan e Mei.

Iniciando os procedimentos de deslocamento, a nave começou a se elevar lentamente, com uma suavidade quase etérea. Gradualmente, ela iniciou seu movimento horizontal, rumando em direção à base militar onde seria estacionada no grande hangar que a viu ser construída.

À medida que se deslocava, suas luzes refletiam os flocos de neve caindo, criando uma dança de brilhos e sombras que conferia à cena uma sensação de rara beleza. Para todos que observavam, era um espetáculo hipnotizante, como se o céu e a nave estivessem em perfeita harmonia, emoldurados pelo suave cair da neve.

O Coral de Aparecida, e a orquestra de Ferdinando, se preparam para executar sua última apresentação clássica, Ellens dritter Gesang de Schubert, com acompanhamento do coral que não cantava abertamente, mas emitia murmúrios harmoniosos, criando uma atmosfera etérea e envolvente.

Após a execução, uma curiosa mudança tomou conta do coral. Movimentos inusitados e inesperados começaram a surgir entre os seus integrantes. Em um gesto sincronizado e quase mágico, cada um começou a retirar seus casacos pesados, virando-os do avesso. O que antes eram vestes sóbrias e uniformes, revelaram-se surpreendentemente coloridas, tingidas com vibrantes matizes de vermelho, azul, verde e amarelo.

O público, inicialmente perplexo, logo se viu encantado pelo espetáculo transformador. Os cantores, agora envoltos em uma profusão de cores, formavam um quadro vivo e alegre. Sem a necessidade de palavras, os olhares entre os membros do coral comunicavam um entendimento mútuo e uma alegria contagiante.

De repente, em capela, suas vozes se elevaram em uníssono, preenchendo o ar com a melodia alegre de "Ode to Joy" de Beethoven. A escolha da música, com sua harmonia vibrante e mensagem de esperança e fraternidade, era perfeita para o momento.

As notas fluíam com facilidade e alegria, cada voz contribuindo para um crescente de entusiasmo. A melodia parecia dançar no ar, envolvendo cada ouvinte em um abraço sonoro de felicidade pura. A transformação dos trajes não era apenas uma mudança visual, mas um símbolo de renovação e celebração, refletido na música que cantavam.

O público, agora completamente envolvido, começou a bater palmas no ritmo da música, seus rostos iluminados por sorrisos. Era um momento de pura magia e comunhão, onde a música e as cores se uniam para criar uma experiência marcante.

O coral, com seus casacos coloridos virados do avesso, e suas vozes elevadas em alegria, havia transformado em uma celebração de vida e cor.

E assim, em meio à melodia de "Ode to Joy", o espírito de união e alegria prevaleceu, deixando uma marca no coração de todos os presentes.

Nathan e Mei chegaram à base, onde foram calorosamente recebidos por Helena, que se antecipara, e por um grupo de amigos solteiros da base, todos exibindo sorrisos travessos. Helena, sempre a organizadora, adiantou-se para dar a notícia inusitada.

Bem-vindos, recém-casados! Temos uma surpresa para vocês, disse ela, piscando de maneira conspiratória.

Os amigos solteiros cercaram o casal, rindo e se empurrando como crianças travessas. Um deles, Marcos, finalmente tomou a palavra, não conseguindo conter o riso.

Sua noite de núpcias será em estilo Tarzan!, anunciou ele, com um sorriso de orelha a orelha.

Nathan e Mei trocaram olhares confusos e curiosos.

Construímos uma casa na árvore para vocês, explicou Helena, apontando para uma direção próxima à base. E não é qualquer árvore, é uma majestosa Samaúma!

A Samaúma, conhecida como a Rainha da Floresta, é uma das maiores e mais impressionantes árvores do norte brasileiro, e a ideia de passar a noite nela só aumentou a curiosidade do casal.

Temos tudo preparado para três dias de aventura, continuou Helena, mas sem qualquer tecnologia moderna! É tudo no estilo Tarzan mesmo. Tem até um tambor para comunicação em código Morse!

Nathan e Mei começaram a rir junto com os amigos, imaginando-se balançando em cipós e tentando decifrar mensagens em código morse no meio da selva.

"Vocês são loucos!" exclamou Mei, ainda rindo.

Mal podemos esperar para ver isso! disse Nathan, enquanto os amigos os guiavam até um pequeno helicóptero que os levaria até a árvore.

O voo curto foi repleto de risadas e piadas sobre como seriam seus dias na casa da árvore. Ao pousarem, eles avistaram a grandiosa Sumaúma com sua impressionante copa que parecia tocar o céu. A casa na árvore era uma obra-prima de madeira e engenhosidade, completa com uma varanda panorâmica e uma rede de balanço.

Bem-vindos ao seu refúgio Tarzan! disse Marcos, ajudando-os a descer do helicóptero.

Nathan e Mei subiram a escada de corda com entusiasmo, explorando cada canto da casa na árvore. Lá dentro, encontraram o tambor e uma folha com o alfabeto Morse para referência.

Vai ser divertido tentar pedir café da manhã em código Morse, brincou Nathan, batucando no tambor de brincadeira.

Espero que vocês se divirtam! disse Helena, antes de acenar e voltar para o helicóptero com os outros amigos. Nos vemos em três dias, se conseguirem sobreviver à vida de Tarzan e Jane!

Enquanto o helicóptero se afastava, Nathan e Mei se sentaram na varanda da casa na árvore, observando a noite na floresta.

Isso vai ser uma aventura e tanto, disse Mei, com um sorriso.

E eu não poderia pedir uma companhia melhor para isso, respondeu Nathan, abraçando-a enquanto a neve começava a se acumular nas folhas das arvores, dando início à sua inesquecível noite de núpcias na majestosa Samaúma.

E assim se inicia a nova vida, agora no Reino de Aurora.

FIM

Agradecimentos

Gostaria de expressar minha profunda gratidão a todas as pessoas incríveis que me inspiraram e apoiaram na jornada de criação e publicação deste livro. Cada palavra que escrevi foi influenciada, de uma forma ou de outra, pela generosidade, sabedoria e incentivo que recebi ao longo deste caminho.

Um agradecimento especial a Marcus Vinicius Ferraz, meu grande irmão e amigo, cuja orientação e apoio foram fundamentais para transformar a ideia inicial em realidade. Sua paciência não apenas ajudou a moldar este projeto, mas também me ensinou lições valiosas sobre textos que envolviam situações religiosas.

Agradeço também a todos que dedicaram tempo para ler os rascunhos iniciais e oferecer feedback construtivo. Suas críticas honestas e sugestões inteligentes foram essenciais para aprimorar cada capítulo.

Não posso deixar de mencionar minha família, que proporcionou o ambiente necessário para escrever em paz. O amor e o suporte de vocês foram o meu porto seguro nos momentos de dúvida e incerteza.

Um agradecimento muito especial a Roberval Cesar Menezes pela adequação e correção na arte da capa e contracapa do livro. Seu talento e atenção aos detalhes fizeram toda a diferença na apresentação final desta obra.

A todos vocês, principalmente a minha esposa Helena, que teve a paciência de ouvir infinitos áudios de textos, com insistentes paradas para correções, meu sincero obrigado por fazerem parte desta jornada literária.

Reconhecimento de Ferramentas

Agradecimentos
Este livro foi produzido com o apoio de várias ferramentas digitais e programas que facilitaram a pesquisa, redação e revisão dos textos. Gostaria de expressar minha gratidão às seguintes ferramentas:

1. Google - verificação de fatos.
 Referência: Google - https://www.google.com
2. ChatGPT
   - Utilizado para correção de textos ao longo do processo de escrita.
   - Referência: OpenAI. (2024). ChatGPT
3. Clarice. Ia
   - Utilizado para revisão e adequação de textos, garantindo a coesão e clareza do conteúdo final.
4. Microsoft Copilot - Utilizado - criação da capa
5. Canva –para acrescentar texto a capa
https://www.canva.com

Sem o apoio dessas ferramentas, a realização deste projeto teria sido consideravelmente mais desafiadora

Direitos Autorais

Todos os direitos reservados. Nenhuma parte deste livro pode ser reproduzida, armazenada em um sistema de recuperação ou transmitida de qualquer forma ou por qualquer meio, eletrônico, mecânico, fotocópia, gravação ou outro, sem a permissão prévia por escrito do autor.

Este livro é uma obra de ficção. Nomes, personagens, locais e incidentes são produtos da imaginação do autor ou usados de maneira fictícia. Qualquer semelhança com eventos reais, locais ou pessoas, vivas ou mortas, é mera coincidência.

O autor tem total propriedade e controle sobre os direitos de publicação e distribuição desta obra. A violação dos direitos autorais é uma infração grave e pode resultar em ações legais para proteger a propriedade intelectual do autor.

Para solicitações de permissão para uso de trechos deste livro, entre em contato com o autor através dos canais oficiais fornecidos.

Fone (55) 17-997087461
Email:- pierosjrp@gmail.com

Agradecemos por respeitar os direitos autorais e apoiar o trabalho criativo do autor.

Copyright

© 2024 por Antonio D Pierobon. Todos os direitos reservados.

**Primeira edição, [2024] **

Printed in Great Britain
by Amazon